lonely

≡ Fast Talk

Finnish

T0103181

Contents

Special Features

Before You Go

Outside the large towns, few people speak fluent English in Finland, so it's advisable to learn some phrases in Finnish to make your visit more rewarding. Finns appreciate any effort made by a non-native speaker. Finnish is not an easy language to master, but the phonetics are not difficult – and mistakes made by foreigners are usually disregarded.

Finnish is almost unique. It's not closely related to any language other than Estonian and Karelian and a handful of other rare languages. There is also a notable Swedish-speaking minority in Finland, and all Finns learn Swedish in school, so you may need your Swedish vocabulary in Finland from time to time.

PRONUNCIATION TIPS

★ Finnish divides vowels into two groups: those formed 'in the front of the mouth' (*e, i, y, ä, ö*) and those formed 'in the back of the mouth' (*a, o, u*). This distinction is very important when forming words with suffixes, because the vowels in the suffixes must be of the same type as the vowels in the root word. For example, *koulussa*, 'in school', is formed by adding *-ssa*, not *-ssä*, to the root.

★ You'll find further pronunciation tips on p10.

MUST-KNOW GRAMMAR

★ The main difficulties with Finnish are the suffixes (endings) added to noun and verb roots, which often alter in this process, and the habit of constructing long words by putting several small words together.

4

SMALL TALK

★ When you ask for a favour, use the most polite word: *Te* ('you' in the plural).

★ *Minä* means 'I', *sinä* is 'you'. Not everyone uses these words, however. In southern Finland, especially in Helsinki, most people say *mä* and *sä*. In Turku, Tampere and Oulu it's *mää*, for 'I', and *sää* for 'you' (*nää* in Oulu). In southern Savo they say *mie* and *sie*. In Helsinki it would be better to use *mä* instead of *minä*, to express that you don't place yourself above the other person. In northern Savo and places in Karelia, people still use *minä* – elsewhere you may sound rather egoistic if you use it. An asterisk (*) indicates where you could consider using some other form as you tour Finland.

SOUNDS FAMILIAR?

Finnish isn't related to any Indo-European languages. There are, however, many loan words from Baltic, Slavonic and Germanic languages, and many words deriving from French and, especially, English.

Fast Talk Finnish

Don't worry if you've never learnt Finnish (*suomi* su-o-mi) before – it's all about confidence. You don't need to memorise endless grammatical details or long lists of vocabulary – you just need to start speaking. You have nothing to lose and everything to gain when the locals hear you making an effort. And remember that body language and a sense of humour have a role to play in every culture.

"you just need to start speaking"

Even if you use the very basics, such as greetings and civilities, your travel experience will be the better for it. Once you start, you'll be amazed how many prompts you'll get to help you build on those first words. You'll hear people speaking, pick up sounds and expressions from the locals, catch a word or two that you know from TV already, see something on a billboard – all these things help to build your understanding.

Phrases
to Learn Before You Go

1. What are the opening hours?
Mitkä ovat aukioloajat?

mit-ka o-vuht ow-ki-o-lo-uh-yuht?

It's always a good idea to check before you make plans.

2. I'd like the set lunch, please.
Saisinko päivän lounaan?

sai-sin-ko pa-i-van loh-nahn?

Restaurants in Finland often offer set menus at lunchtime.

3. A cold beer please.
Yksi kylmä olut, kiitos.

ük-si kül-ma o-lut kee-toss

Finnish beer can be light, medium strong or strong.

4. What's the local speciality?
Mikä on paikallinen erikoisuus?

mi-ka on pai-kuhl-li-nehn eh-ri-koy-suus?

Finnish menus often feature regional dishes.

5. Do you have plans for tonight?
Onko sinulla suunnitelmia täksi illaksi?

on-ko si-nul-luh soon-ni-tehl-mi-uh tahk-si ill-uhk-si?

To arrange to meet up without sounding pushy, ask friends they're available rather than inviting them directly.

10 Phrases to Sound Like a Local

Cool!	**Siistiä!**	*sees-ti-ah*
No worries.	**Ei se mitään.**	*ay seh mi-taan*
Sure.	**Toki.**	*to-ki*
No way!	**Eikä!**	*ay-kah*
Just joking!	**Ei nyt sentään!**	*ay nüt sehn-taan*
Too bad.	**Ikävää**	*i-ka-vaa*
What a shame.	**Sääli.**	*saa-li*
What's up?	**Mitä kuuluu?**	*mi-ta koo-loo?*
Well done!	**Hyvin tehty!**	*hü-vin teh-tü*
Not bad.	**Ei hassumpaa.**	*ay huhs-sum-pah*

When is (the tour)?	Milloin (kierros) alkaa? *mil*-loyn (*kiehrr*-ros) *uhl*-kuh?
Where is (the station)?	Missä on (asema)? *mis*-sa on (*uh*-seh-muh)?
Where can I (buy a ticket)?	Mistä voi ostaa (lipun)? *mis*-ta *voy* os-tah *li*-pun?
Do you have (a map)?	Onko sinulla (karttaa)? *on*-ko *si*-nul-luh (*kuhrrt*-tuh)?
Is there (a lift) here?	Onko täällä (hissiä)? *on*-ko *taal*-la (*his*-si-a)?
I'd like (some stamps).	Haluaisin (postimerkkejä). *huh*-lu-ai-sin (*pos*-ti-*mehrrk*-keh-ja)
I'd like to (return this).	Haluaisin (palauttaa tämän). *huh*-lu-ai-sin (*puh*-lowt-tuh *ta*-man)
Can I (sit here)?	Voinko (istua tähän)? *voyn*-ko (*is*-tu-uh *ta*-han)?
Do I have to (book)?	Pitääkö minun (varata)? *pi*-taa-ker *mi*-nun (*vuh*-ruh-tuh)?
Can you (write down the price)?	Voitko (kirjoittaa hinnan)? *voyt*-ko (*kirr*-yoyt-tah *hin*-nuhn)?

Chatting & Basics

≡ Fast Phrases

Hello.	Hei/Terve pol Moi. inf
	hay/tehrr-veh/moy
Goodbye..	Näkemiin pol/Moi. inf
	na-keh-meen/moy
Do you speak English?	Puhutko englantia?
	pu-hut-ko ehng-luhn-ti-uh?

Essentials

Yes.	Kyllä pol/Joo. inf
	kül-lah/yoo
No.	Ei.
	ay
Excuse me.	Anteeksi.
	uhn-teehk-si
Thank you.	Kiitos/Kiitti. inf
	kee-toss/keet-ti
Many thanks.	Paljon kiitoksia.
	puhl-yon kee-tok-si-uh
Sorry.	Olen pahoillani/Sori. inf
	o-lehn puh-hoyl-luh-ni/so-rri
That's fine. You're welcome.	Ei se mitään. Ole hyvä/eipä kestä inf.
	ay seh mi-tahn. o-leh hü-va/ay-pa kehs-ta

Fast Talk Pronunciation

Below is a general pronunciation guide of Finnish sounds, outlining in red our representation of each sound, used in the simplified transliterations throughout the book. Consonants not listed here are pronounced as in English.

Vowels

Finnish has eight vowels; the alphabet also includes Swedish å.

a	as the 'a' in 'act'
e	as the 'e' in 'bet'
i	as the 'i' in 'hit'
o	a short 'o' as in 'pot'
u	as in 'pull'
ö	as the 'i' in 'bird'
ä	as the 'a' in 'cat'
y	there is no equivalent sound in English

Double Vowels

Double vowels are tricky to pronounce, so follow the pronunciation guide carefully.

ää	as the 'a' in American 'fast', but even longer
aa	as the 'o' in upon, but even longer
ee	as the 'a' in 'care', but even longer
ii	as the 'ee' in 'see'

Diphthongs

ei	ay	as the 'ay' in 'day'
ai	ai	as the sound of 'eye'
oi	oy	the 'oy' as in 'toy'
au	ow	as the 'ou' in 'out'

Semiconsonants

w	as in 'wet'
y	as in 'yet'

Consonants

There are only 13 consonants in Finnish, although the alphabet includes English consonants. The letter x can be written as ks, and z can be written, and is pronounced, as ts.

b	explosive, as the 'b' in 'bug'
g	explosive, as the 'g' in 'gutter'
h	as in 'horse'
kh	almost as strong as the 'ch' in Scottish 'loch'
k	soft, as in 'skate'
p	soft, as in 'spirit'
s	as in 'sun', but weaker
t	soft, as in 'steak'
sh	as in 'ship'
ch	as in 'chew'
dj	as the 'j' in 'jaw'
th	as the 'th' in 'lather'
ngn	as the meeting of sounds in 'hang-nail'
rr	a trilled 'r'
rt	as the 'rt' in American English 'start'
rd	as the 'rd' in American English 'weird'

Double Consonants

Double consonants like kk in viikko, 'week', or mm in summa, 'sum', are held longer and they always split the word into two syllables. Note that ng and nk both make two syllables, and are pronounced as -ng-ng- and -ng-k-.

Language Difficulties

Do you speak English?	Puhutko englantia?	
	pu-hut-ko *ehng*-luhn-ti-uh?	
Does anyone speak English?	Puhuuko kukaan englantia?	
	pu-hoo-ko ku-kahn *ehng*-luhn-ti-uh?	
I speak a little ...	Puhun vähän ...	
	pu-hun va-han ...	

PHRASE BUILDER

I speak ...	Puhun...	*pu*-hun...
English	englantia	*ehng*-luhn-ti-uh
French	ranskaa	*rruhns*-kah
German	saksaa	*suhk*-sah
Swedish	ruotsia	*rru*-ot-si-uh

I don't speak ...	En puhu ...
	ehn pu-hu ...
I understand.	Ymmärrän.
	üm-marr-rran
I don't understand.	En ymmärrä.
	ehn üm-marr-rra
Could you speak more slowly please?	Voisitko puhua hitaammin?
	voy-sit-ko *pu*-hu-uh *hi*-tahm-min?
Could you repeat that?	Voitko toistaa?
	voyt-ko *toys*-tah?
How do you say ...?	Miten sanotaan ...?
	mi-tehn *suh*-no-tahn ...?
What does ... mean?	Mitä ... tarkoittaa?
	mi-ta ... *tuhrr*-koyt-tah?

Fast Talk

Please

There's no frequently used word for 'please' in Finnish. Often kiitos (thank you) is used. Another useful expression is 'could you', voisitteko, plus a verb. If you assume equality, or generally deal with informal situations, you are free to use less formal expressions. Speaking to a young clerk at a ticket booth or in a bank, you can say voitko, or even voitsä, 'are you able to', whereas an elderly lady would like to hear voisitteko, 'could you'.

Greetings

Good morning.	(Hyvää) huomenta. *(hū-vaa)* hu-o-mehn-tuh
Good afternoon.	Hyvää päivää./Päivää. inf *hū-vaa pa-i-vaa/pa-i-vaa*
Good evening/ night.	Hyvää iltaa/yötä. *hū-vaa il-tah/ū-er-ta*
How are you?	Mitä kuuluu? *mi-ta koo-loo?*
Well, thanks.	Kiitos hyvää. *kee-toss hū-vaa*

Titles

Madam/Mrs	Rouva *rrohv-vuh*
Sir/Mr	Herra *hehrr-rruh*
Miss	Neiti *nay-ti*

Local Knowledge

Friends Forever

Traditionally, Finns had to make a deal, sinunkaupat, to call each other sinä instead of Te. The deal involved an exchange of names and a formal handshake, after which you were friends forever.

Introductions

What's your name?	Mikä teidän nimenne on?/Mikä sun nimi on? inf mi-ka tay-dan ni-mehn-neh on?/mi-ka sun ni-mi on?
My name is ...	Minun nimeni on .../Mun nimi on ... inf mi-nun ni-mehn-ni on .../mun ni-mi on...
I'm pleased to meet you.	Hauska tavata. hows-kuh tuh-vuh-tuh

Personal Details

Where are you from?	Mistä sinä* oletkotoisin? mis-ta si-na o-let ko-toy-sin?

PHRASE BUILDER

I'm from...	Olen ...	o-lehn ...
Australia	Australiasta	owst-rruh-li-uhs-tuh
Canada	Kanadasta	kuh-nuh-duhs-tuh
England	Englannista	ehng-luhn-nis-tuh
Ireland	Irlannista	irr-luhn-nis-tuh
Scotland	Skotlannista	scot-luhn-nis-tuh
the USA	Yhdysvalloista /Amerikasta	ükh-düs-vuhl-loys-tuh/ uh-meh-rri-kuhs-tuh

Age

How old are you?	Kuinka vanha sinä* olet?	
	ku-in-kuh vuhn-huh si-na o-leht?	
I'm ... years old.	Olen ...-vuotias.	
	o-lehn ... vu-o-ti-uhs	

Family

Are you married?	Oletko naimisissa?	
	o-leht-ko nai-mi-sis-suh?	
Do you have a boyfriend/girlfriend?	Onko sinulla poikaystävää/ tyttöystävää?	
	on-ko si-nul-luh poy-kuh-üs-ta-vaa/ tüt-ter-üs-ta-vaa?	

PHRASE BUILDER

I'm...	Olen ...	*o-lehn ...*
single	naimaton/ sinkku inf	*nai-muh-ton/ sink-ku*
married	naimisissa	*nai-mi-sis-suh*
in a relationship	avoliitossa	*uhvo-lee-tos-suh*

Interests

What do you do in your spare time?	mitä sinä* teet vapaa-aikanasi?
	mi-ta si-na teeht va-pah-ai-kuh-nuh-si?

Did You Know?
In Finnish, the word for Finland is Suomi and the word for Finnish (the language) is suomi.

What Comes After Z?

The last three letters of the alphabet are å, ä and ö. So, while Aatami would be one of the first entries in a telephone book, Äänekoski would be one of the last.

Occupations

What work do you do?	Mitä sinä* teet työksesi? *mi*-ta *si*-na *teeht tüh-erk*-seh-si?

PHRASE BUILDER

I'm (a/an)...	Olen ...	o-lehn...
businessperson	liikemies	*lee*-keh-mi-ehs
engineer	insinööri	*in*-si-ner-rri
journalist	journalisti/ lehtimies	*yohrr*-nuh-lis-ti/ *lekh*-ti-mi-ehs
lawyer	juristi/ lakimies	*yu*-rris-ti/ *luh*-ki-mi-ehs
doctor	lääkäri	*laa*-ka-rri
nurse	sairaanhoitaja	*sai*-rrahn-hoy- tuh-yuh
office worker	toimistotyöntekijä	*toy*-mis-to-tü- ern-teh-ki-ya
student	opiskelija	*o*-pis-keh-li-yuh
teacher	opettaja	*o*-peht-tuh-yuh

Religion

What is your religion?	Mikä on sinun uskontosi? *mi*-ka on si-*nun us*-kon-to-si?

I'm not religious.	En ole uskonnollinen/
	uskovainen
	ehn o-leh *us*-kon-nol-li-nehn/
	us-ko-vai-nehn

PHRASE BUILDER

I'm (a)...	Olen ...	o-lehn ...
Buddhist	buddhalainen	*bud*-huh-lai-nehn
Catholic	katolinen	*kuh*-to-li-nehn
Christian	kristitty	*krris*-tit-tü
Hindu	hindulainen	*hin*-du-lai-nehn
Jewish	juutalainen	*yoo*-tuh-lai-nehn
Lutheran	luterilainen	*lu*-teh-rri-lai-nehn
Muslim	muslimi	*mus*-li-mi

Feelings

I like ...	Pidän ...-sta/stä.
	pi-dan ...-stuh/-sta
I don't like ...	En pidä ...-sta/stä.
	ehn pi-da ...-stuh/-sta
I'm well.	Voin hyvin.
	voyn hü-vin
I'm sorry./	Olen pahoillani./Otan osaa.
My condolences.	*o-lehn puh*-hoyl-luh-ni/*o-tuhn o*-sah
I'm cold.	Minulla on kylmä.
	mi-nul-luh on *kül*-ma
I'm hot.	Minulla on kuuma.
	mi-nul-luh on *koo*-muh
I'm in a hurry	Minulla on kiire.
	mi-nul-luh on *kee*-rreh

PHRASE BUILDER

I'm...	Olen ...	o-lehn ...
angry	vihainen	*vi*-hai-nehn
right	oikeassa	*oy*-keh-uhs-suh
sad	surullinen	*su*-rrul-li-nehn
sleepy	uninen	*u*-ni-nehn
tired	väsynyt	*va*-sü-nüt
worried	huolissani	*hu*-o-lis-suh-ni

Numbers

0	nolla
	nol-luh
1	yksi/yks inf
	ük-si
2	kaksi/kaks inf
	kuhk-si
3	kolme
	kol-meh
4	neljä
	nehl-ya
5	viisi/viis inf
	vee-si
6	kuusi/kuus inf
	koo-si
7	seitsemän/seittemän inf
	sayt-seh-man
8	kahdeksan/kasi/kaheksan inf
	kuhkh-dehk-suhn
9	yhdeksän/ysi/yheksän inf
	ükh-dehk-san

10	kymmenen *küm*-meh-nehn
11	yksitoista *ük*-si-*toys*-tuh
12	kaksitoista *kuhk*-si-*toys*-tuh
13	kolmetoista *kol*-meh-*toys*-tuh
14	neljätoista *nehl*-ya-*toys*-tuh
15	viisitoista *vee*-si-*toys*-tuh
20	kaksikymmentä *kuhk*-si-*küm*-mehn-ta
30	kolmekymmentä *kol*-meh-*küm*-mehn-ta
40	neljäkymmentä *nehl*-ya-*küm*-mehn-ta
50	viisikymmentä *vee*-si-*küm*-mehn-ta
60	kuusikymmentä *koo*-si-*küm*-mehn-ta
70	seitsemänkymmentä *sayt*-seh-man-*küm*-mehn-ta
80	kahdeksankym-mentä *kuhkh*-dehk-suhn-*küm*-mehn-ta
90	yhdeksänkymmentä *ükh*-dehk-san-*küm*-mehn-ta
100	sata *suh*-tuh
1000	tuhat *tu*-huht

Fast Talk

Starting Off

When starting to speak another language, your biggest hurdle is saying aloud what may seem to be just a bunch of sounds. The best way to do this is to memorise a few key words, like 'hello', 'thank you' and 'how much?', plus at least one phrase that's not essential, eg 'how are you', 'see you later' or 'it's very cold/hot' (people love to talk about the weather!). This will enable you to make contact with the locals, and when you get a reply and a smile, it'll also boost your confidence.

one million	miljoona	*mihl*-yorr-nuh

Time

What time is it?	Paljonko kello on?	puhl-yon-ko kehl-lo on?
It's (one) o'clock.	Kello on (yksi).	*kehl*-lo on (*ük*-si)

Days

Monday	maanantai *mah*-nuhn-tai
Tuesday	tiistai *tees*-tai
Wednesday	keskiviikko *kehs*-ki-*veek*-ko
Thursday	torstai *torrs*-tai
Friday	perjantai *pehrr*-yuhn-tai

Saturday	lauantai
	low-uhn-tai
Sunday	sunnuntai
	sun-nun-tai

Months

January	tammikuu
	tuhm-mi-koo
February	helmikuu
	hehl-mi-koo
March	maaliskuu
	mah-lis-koo
April	huhtikuu
	huh-ti-koo
May	toukokuu
	toh-ko-koo
June	kesäkuu
	keh-sa-koo
July	heinäkuu
	hay-na-koo
August	elokuu
	eh-lo-koo
September	syyskuu
	süüs-koo
October	lokakuu
	lo-kuh-koo
November	marraskuu
	muhrr-rruhs-koo
December	joulukuu
	yoh-lu-koo

Dates

What date is it today?	Monesko päivä tänään on? *mo*-nehs-ko *pa-i*-va *ta*-naan on?
It's (January 23)	Tänään on (tammikuun kahdeskymmeneskolmas). *ta*-naan on (*tuhm*-mi-koon *kuh*-des-küm-meh-nehs-*kol*-muhs)
last week	viime viikolla *vee*-meh *vee*-kol-luh
last year	viime vuonna *vee*-meh *vu-on*-nuh
tomorrow	huomenna *hu-o*-mehn-nuh

Weather

What's the weather like?	Millainen sää on? *mil*-lai-nehn *saa* ohn?
It's ... today.	Tänään on ... *ta*-naan on ...

PHRASE BUILDER

Will it be... tomorrow?	Onko... huomenna?	*on*-ko... *hu-o*-mehn-nuh?
cloudy	pilvistä	*pil*-vis-ta
cold	kylmää	*kül*-maa
raining	sadetta	*suh*-deht-tuh
snowing	lunta/ lumisadetta	*lun*-tuh/ *lu*-mih-*suh*-deht-tuh
sunny	aurinkoista	*ow*-rrin-koys-tuh
windy	tuulista	*too*-lihs-tuh

Directions

Where is ...?	Missä on ...? *mis-sa on ...?*
How do I get to ...?	Miten minä* pääsen ...? *mi-ten mi-na paa-sen ...?*
Is it far from/near here?	Onko se kaukana/ lähellä? *on-ko seh kow-kuh-nuh/la-hehl-la?*
Can you show me (on the map)?	Voitko näyttää minulle (kartasta)? *voyt-ko na-üt-taa mi-nul-leh (kuhrr-tuhs-tuh)?*
Go straight ahead.	Kulje suoraan. *kul-yeh su-o-rrahn*
It's two blocks down.	Se on kahden korttelin päässä. *seh on kuhkh-den/korrt-teh-lin paas-sa*
Turn left/right ...	Käänny vasempaan/oikeaan ... *kaan-nü vuh-sehm-pahn/oy-keh-ahn*

Airport & Transport

≡ Fast Phrases

What time is the next (bus)?	Milloin seuraava (bussi) lähtee? *mill*-loyn *seh-u*-rrah-vuh (*bus*-si) lah-teeh?
Does this (bus) go to ...?	Meneekö tämä (bussi) ... lle/(vowel +n)? *meh*-neeh-ker *ta*-ma (*bus*-si)...?
I'd like a one-way ticket.	Saisinko menolipun? *sai*-sin-ko *meh-no-li*-pun?

At the Airport

Is there a flight to ...?	Onko ...-lle/(vowel + n) lentoa? *on*-ko ... *len*-to-uh?
How long does the flight take?	Kauanko lento kestää? *kow*-uhn-ko *len*-to *kehs*-taa?
What is the flight number?	Mikä on lennon numero? *mi*-ka *on len*-non *nu*-meh-rro?
You must check in at (gate) ...	Teidän/sinun täytyy tehdä lähtöselvitys (portilla)... *tay*-dan/*si*-nun *ta-ü*-tüü *teh*-dah *lah*-ter-sel-vi-tüs (*porrt*-til-luh)...
airport tax	lentokenttävero *lehn*-to-*kehnt*-ta *veh*-rro

24

boarding pass	tarkastuskortti
	tuhrr-kuhs-tus-*korrt*-ti
customs	tulli/tullitarkastus
	tul-li/*tul*-li-*tuhrr*-kuhs-tus

Buying Tickets

Where can I buy a ticket?	Mistä voi ostaa lipun?
	mis-ta *voy os*-tah *li*-pun?
I want to go to ...	Haluan mennä ...-lle/(vowel + n)
	ha-lu-uhn *men*-na ...
Do I need to book?	Täytyykö varata etukäteen?
	ta-ü-tüü-ker *vuh*-rruh-tuh *eh*-tu-*ka*-teehn?
I'd like to book a seat to ...	Haluaisin varata istumapaikan ...-lle/(vowel + n).
	ha-lu-ai-sin *vuh*-rruh-tuh *is*-tu-muh-*pai*-kuhn ...

PHRASE BUILDER

I'd like ...	Saisinko ...	*sai*-sin-ko...
a one-way ticket	menolipun	*meh*-no-*li*-pun
a return ticket	menopaluulipun	*meh*-no-pa-*loo*-li-pun
two tickets	kaksi lippua	*kuhk*-si *lip*-pu-uh
a student's fare	opiskelijalipun	*o*-pis-keh-*li*-ya-*li*-pun
a child's fare	lastenlipun	*luhs*-tehn-*li*-pun
a pensioner's fare	eläkeläislipun	*eh*-la-keh-la-*is*-*li*-pun
1st class	ensimmäinen luokka	*en*-sim-ma-i-nehn *lu*-*ok*-kuh
2nd class	toinen luokka	*toy*-nehn *lu*-*ok*-kuh

AIRPORT & TRANSPORT

25

Fast Talk

Getting Around

As you look for places, visit them and leave them, you'll use different words in each case, and a little grammar is needed to gain an understanding of how words are constructed. Finnish grammar is extremely complicated. With all the possible suffixes and meanings, you can construct over 450 different words from any noun root.

-ssa or -ssä, 'in something': koulu-ssa, 'in school'
-sta or -stä, 'from something': koulu-sta, 'from school'
-double vowel plus n, 'to something': koulu-un, 'to school'
-lla or -llä, 'on', 'at' or 'in something' or 'somebody': koulu-lla, 'at school'
-lta or -ltä, 'from something' or 'somebody': koulu-lta, 'from school'
-lle, 'to something' or 'somebody': koulu-lle, 'to school'
Consider the following examples of expressing 'in ...', and 'to ...' (a town):

Town/city name	in...	to...
Helsinki:	Helsingi-ssä	Helsinki-in
Turku:	Turu-ssa	Turku-un
Varkaus:	Varkaude-ssa	Varkaute-en
Tampere:	Tamperee-lla	Tamperee-lle
Rovaniemi (and others ending -niemi):	Rovanieme-llä	Rovanieme-lle
Seinäjoki: (and others ending -joki):	Seinäjoe-lla	Seinäjoe-lle
Kemijärvi: (and others ending -järvi)	Kemijärve-llä	Kemijärve-lle

To express being inside a vehicle, hotel etc, the -ssa suffix is used for 'in', and a double vowel plus -n for 'to': juna-ssa/juna-an, hotelli-ssa/hotelli-in. When you use a vehicle, you use the -lla suffix, as in matkustaa juna-lla, 'to travel by train'.

What time does ... leave/arrive?	Mihin aikaan ... lähtee/ saapuu?	*mi*-hin *ai*-kahn ... *lakh*-teeh/ sah-poo?
the (aero)plane	lentokone	*lehn*-to-ko-neh
the boat	laiva	*lai*-vuh
the bus (city)	bussi	*bus*-si
the bus (intercity)	bussi/ linja-auto	*bus*-si/ *lin*-yuh-*ow*-to
the train	juna	*yu*-nuh
the tram	raitiovaunu/ ratikka inf	*rrai*-ti-o-*vow*-nu/*rruh*-tik-kuh

Public Transport

Does this bus go to ...?	Meneekö tämä bussi ... -lle/(vowel + n)? *meh*-neeh-ker *ta*-ma *bus*-si ...?
Could you let me know when we get to ...?	Voitko sanoa, kun tulemme ... -lle/ (vowel + n)? *voyt*-ko *suh*-no-uh kun *tul*-ehm-meh ...?
I want to get off!	Minä* haluan jäädä pois! *mi*-na *huh*-lu-uhn *jaa*-da *poys*!
Is this the right platform for ...?	Onko tämä oikea raide (train)/ laituri (bus) ... -lle/(vowel + n)? *on*-ko *ta*-ma *oy*-ke-uh *rrai*-deh/ *lai*-tuhr-ri ...?

What time is the ... bus?	Mihin aikaan lähtee ... bussi?	mi-hin-ai-kahn lah-teeh ... bus-si?
next	seuraava	seh-u-rrah-vuh
first	ensimmäinen	ehn-sim-ma-i-nehn
last	viimeinen	vee-may-nehn

Passengers must change trains.	Matkustajien on vaihdettava junaa. *muht-kus-tuh-yi-ehn on vaikh-deht-tuh-vuh yu-nah*
The train leaves from platform ...	Juna lähtee raiteelta ... *yu-nuh lakh-teeh rrai-teehl-tuh ...*
dining car	ravintolavaunu *rruh-vin-to-luh-vow-nu*
express	pikajuna *pi-kuh-yu-nuh*
local	paikallisjuna *pai-kuhl-lis-yu-nuh*
sleeping car	makuuvaunu *muh-koo-vow-nu*
The train is delayed/cancelled.	Juna on myöhässä/peruutettu. *yu-nuh on mü-er-has-sa/peh-rroo-teht-tu*
How long will it be delayed?	Kauanko se on myöhässä? *kow-uhn-ko seh onmu-er-has-sa?*
There is a delay of ... hours.	Se on ... tuntia myöhässä. *seh on ... tun-ti-uh mu-er-has-sa*
How long does the trip take?	Kauanko matka kestää? *kow-uhn-ko muht-kuh kehs-taa?*
Is it a direct route?	Onko se suora reitti? *on-ko se su-o-rruh rrayt-ti?*

Is that seat taken?	Onko tuo paikka varattu? *on-ko tu-o paik-kuh vuh-rruht-tu?*
I want to get off at ...	Minä* jään pois ...-ssa/-lla. *mi-na jaan poys ...-ssa/-lla*
Which direction takes me to ...?	Kumpaan suuntaan pääsee ...-lle/ (vowel + n)? *kum-pahn soon-tahn paa-seeh ...?*
What is the next station?	Mikä on seuraava asema? *mi-ka on seh-u-rrah-vuh uh-seh-muh?*

Taxi

How much does it cost to go to ...?	Paljonko maksaa matka ... -lle/ (vowel+n)? *puhl-yon-ko muhk-sah muht-kuh ...?*
The next street to the left/right.	Seuraavaa katua vasemmalle/oikealle. *seh-u-rrah-vah kuh-tu-uh vuh-sehm-muhl-leh/oy-keh-uhl-leh*
Please slow down.	Hidasta vähän. *hi-das-tuh va-han*
Please wait here.	Voitko odottaa tässä? *voyt-ko o-dot-tah tas-sa?*
Here is fine, thank you!	Tässä on hyvä, kiitos! *tas-sa on hü-va kee-toss!*
✂ **Stop here!**	Pysäytä tässä! *pü-sa-ü-ta tas-sa!*

Car

Where can I rent a car?	Mistä minä* voisin vuokrata auton? *mis-ta mi-na voy-sin vu-ok-rruh-tuh ow-ton?*

29

daily/weekly	per päivä/per viikko *pehrr* pa-*i*-va/*pehrr veek*-ko
Does that include insurance/unlimited mileage?	Kuuluuko siihen vakuutus/rajoit-tamaton kilometrimäärä? *koo*-loo-ko *see*-hen *vuh*-koo-tus/*rruh*-yoyt-tuh-muh-ton ki-lo-meht-rri-*maa*-rra?
Where's the next petrol station?	Missä on lähin bensa-asema? *mis*-sa *on* la-hin *ben*-suh-*uh*-seh-muh?
How long can I park here?	Kauanko tässä saa parkkeerata? *kow*-uhn-ko *tas*-sa *sah* parrk-*keeh*-rruh-tuh?
Does this road lead to ...?	Meneekö tämä tie ...-lle/(vowel + n)? *meh*-neeh-ker *ta*-ma *ti*-eh ...?
I need a mechanic.	Minä* tarvitsen korjaajaa. *mi*-na *tarr*-vit-sehn *korr*-yah-yah
The battery is flat.	Akku on tyhjä. *uhk*-ku on *tükh*-ya
I have a flat tyre.	Rengas on tyhjä. *rrehng*-nguhs on *tükh*-ja
It's overheating.	Se ylikuumenee. *seh* ü-li-*koo*-meh-neeh
It's not working.	Se ei toimi. seh ay *toy*-mi

Useful Words - Car

air (for tyres)	ilma *il*-muh
battery	akku *uhk*-ku
brakes	jarrut *yuhrr*-rrut

30

Body Language

You are in the country of the 'silent Finn': it's not felt necessary to make small talk all the time, and lack of eye contact doesn't indicate shiftiness or rudeness. If there are empty seats on a bus or in the cinema (and there always are), it's not usual to sit down right next to a stranger – leave a 'buffer zone.'

Shake hands when you meet someone for the first time.

driver's licence	ajokortti *uh*-yo-*korrt*-ti	
engine	moottori/kone *morrt*-to-rri/*ko*-neh	
lights	valot *vuh*-lot	
oil	öljy *erl*-yü	
puncture	rengasrikko *rrehng*-nguhs-*rrik*-ko	
road map	tiekartta *ti-eh*-kuhrrt-tuh	
tyres	renkaat *rrehn*-kaht	

Cycling

Where can I hire a bicycle?	Mistä minä* voin vuokrata polkupyörän? *mis*-ta *mi*-na *voyn* vu-*ok*-rruh-tuh *pol*-ku-*pü-er*-rran?
Is there room for the bicycle?	Mahtuuko tänne polkupyörä? *makh*-too-ko *tan*-neh *pol*-ku-*pü-er*-rra?

Accommodation

≡ Fast Phrases

I have a reservation.	Minulla on varaus. *mi*-nul-luh *on vuhr*-rows
When/Where is breakfast served?	Milloin/missä aamiainen tarjoillaan? *mil*-loyn/*mis*-sah *ah*-mi-ai-nehn *tuhr*-yoyl-lahn?
What time is checkout?	Mihin aikaan huone luovutetaan? *mi*-hin *ai*-kuhn *hu*-o-neh *lu*-o-vu-teh-tahn?

Finding Accommodation

What is the address?	Mikä on osoite? *mi*-ka *on o*-soy-teh?
Could you write the address, please?	Voisitteko kirjoittaa osoitteen? *voy*-sit-teh-ko *kirr*-yoyt-tah *o*-soyt-teen?

PHRASE BUILDER

Where is ...?	Missä olisi ...?	*mis*-sa o-li-si ...?
a cheap hotel	halpa hotelli	*huhl*-puh ho-tehl-li
a good hotel	hyvä hotelli	*hü*-va ho-tehl-li
a nearby hotel	lähin hotelli	*la*-hin ho-tehl-li

Booking & Checking In

Do you have any rooms available?	Onko teillä vapaata huonetta?	on-ko *tayl*-la *vuh*-pah-tuh *hu*-o-neht-tuh?
Do you have identification?	Onko teillä pol/sinulla henkilöpapereita? inf	*on*-ko *tayl*-la/*si*-nul-luh *hehn*-ki-ler-*puh*-peh-rray-tuh?
Your membership card, please.	Saisinko jäsenkorttinne?	*sai*-sin-ko *ya*-sehn-*korrt*-tin-neh?

PHRASE BUILDER

I'd like ...	Haluaisin ...	*ha*-lu-ai-sin ...
a single room	yhden hengen huoneen	*ükh*-dehn hehng-ngehn *hu*-o-neehn
a double room	kahden hengen huoneen	*kuhkh*-dehn hehng-ngehn *hu*-o-neehn
to share a dorm	sängyn makuusalista	*sang*-ngün *muh*-koo-suh-lis-tuh
a bed	sängyn	*sang*-ngün

33

PHRASE BUILDER

I want a room with a ...	Minä* haluan huoneen, jossa on ...	*mi*-na *huh*-lu-uhn *hu*-o-neehn *yos*-suh on ....
bathroom	kylpyhuone	*kül*-pü-*hu*-o-neh
shower	suihku	*su-ih*-ku
television	televisio	*teh*-leh-vi-si-o
window	ikkuna	*ik*-ku-nuh

Sorry, we're full.	Valitettavasti meillä on täyttä. *vuh*-li-teht-tuh-vuhs-ti *mayl*-la on *ta-üt*-ta
How many nights?	Kuinka monta yötä? *ku-in*-kuh *mon*-tuh *u-er*-ta?
How much is it per night/per person?	Paljonko se on yöltä/hengeltä? *puhl*-yon-ko *seh* on *ü-erl*-ta/ *hehng*-ngehl-ta?
Can I see it?	Voinko minä* nähdä sen? *voyn*-ko *mi*-na *nakh*-da sehn?

PHRASE BUILDER

I'm going to stay for ...	Minä* aion viipyä ...	*mi*-na *ai*-yon *vee*-pü-a ...
one day	yhden päivän	*ükh*-dehn *pai*-van
two days	kaksi päivää	*kuhk*-si *pai*-vaa
one week	viikon	*vee*-kon

34

Are there any others?	Onko mitään muita? *on-*ko *mi-*taan *mu-i-*tuh?
Are there any cheaper rooms?	Onko halvempaa huonetta? *on-*ko *huhl-*vehm-pah hu-o-neht-tuh?
Can I see the bathroom?	Voinko minä* nähdä kylpyhuoneen? *voyn-*ko *mi-*na *nakh-*da *kül-*pü-*hu-*o-neehn?
Is there a reduction for students/ children?	Saako opiskelija/ lapsi alennusta? *sah-*ko o-pis-keh-li-yuh/ *luhp-*si *uh-*lehn-nus-tuh?
Does it include breakfast?	Kuuluuko aamiainen hintaan? *koo-*loo-ko *ah-*mi-ai-nehn *hin-*tahn?
It's fine, I'll take it.	Se on hyvä, minä* otan sen. *se* on hü-va *mi-*na o-tuhn *sen*
I'm not sure how long I'm staying.	Minä* en tiedä kuinka kauan minä* viivyn täällä. *mi-*na *ehn* ti-eh-da *ku-in-*kuh *kow-*uhn *mi-*na *vii-*vün *taal-*la

Requests & Questions

Is there a lift?	Onko täällä hissiä? *on-*ko *taal-*la *his-*si-a?
Where is the bathroom?	Missä on kylpyhuone (vessa)? *mis-*sa on *kül-*pü hu-o-neh (*vehs-*suh)?
Is there hot water all day?	Tuleeko lämmintä vettä koko päivän? *tuh-*leeh-ko *lam-*mihn-tah *vet-*tah *ko-*ko *pai-*van?

Do you have a safe where I can leave my valuables?	Onko teillä säilytyslokeroa arvotavaralle? *on*-ko *tayl*-la *sa*-ilü-tüs-*lo*-kehrr- oy-uh *arr*-vo-*tuh*-vuhrr-uhl-le?
Is there somewhere to wash clothes?	Voiko täällä jossain pestä vaatteita? *voy*-ko *taal*-la *yos*-sain *pehs*-ta *vaht*-tay-tuh?
Can I use the kitchen?	Voinko käyttää keittiötä? *voyn*-ko *ka*-üt-taa *kayt*-ti-er-ta?
Can I use the telephone?	Voinko käyttää puhelinta? *voyn*-ko *ka*-üt-taa *pu*-heh-lin-tuh?
Is your sauna warm?	Onko sauna lämmin? *on*-ko *sow*-nuh *lam*-min?
Do you have a smoke sauna?	Onko teillä savusaunaa? *on*-ko *tayl*-la *suh*-vu-*sow*-nah?
Please wake me up at ...	Voitteko herättää minut kello ...? *voyt*-teh-ko *heh*-rrat-taa *mi*-nut *kehl*-lo ...?
The room needs to be cleaned.	Huone täytyisi siivota. *hu*-o-neh *ta*-ü-tü-i-si *see*-vo-tuh
Please change the sheets.	Voitteko vaihtaa lakanat? *voyt*-teh-ko *vaikh*-tah *luh*-kuh-nuht?

PHRASE BUILDER

I can't open/ turn on ...	En saa ... auki.	*ehn saa ... ow*-ki
I can't close/ turn off ...	En saa ... kiinni.	*ehn saa ... keen*-ni
the window	ikkunaa	*ik*-ku-nah
the door	ovea	*o*-veh-uh
the heating	patteria	*puht*-teh-rri-uh
the TV	TV:ta	*teeh*-veeh-ta

Fast Talk

Using Patterns

Look out for patterns of words or phrases that stay the same, even when the situation changes, eg 'Do you have ...?' or 'I'd like to ...' (see p33). If you can recognise these patterns, you're already halfway there to creating a full phrase. The dictionary will help you put other words together with these patterns to convey your meaning – even if it's not completely grammatically correct in all contexts, the dictionary form will always be understood.

Complaints

I left my key in the room.	Avaimeni jäi huoneeseen. *uh*-vai-meh-ni *ya-i hu*-o-neeh-seehn
The toilet won't flush.	Vessa ei vedä. *vehs*-suh *ay veh*-da
I don't like this room.	Minä* en oikein pidä tästä huoneesta. *mi*-na *ehn* oy-kayn *pi*-da *tas*-ta *hu*-o-neehs-tuh
It's too small.	Se on liian pieni. *se on lee*-uhn *pi-eh*-ni
It's noisy.	Siellä on melua. *si-ehl*-la on *meh*-lu-uh
It's too dark.	Se on liian pimeä. *se on lee*-uhn *pi*-meh-a
It's expensive.	Se on kallis. *se on kuhl*-lis

ACCOMMODATION

37

Checking Out

I'm/We're leaving now/tomorrow.	Minä* lähden/Me lähdemme nyt/huomenna. *mi*-na *lakh*-dehn/*meh lakh*-dem-meh *nüt*/*hu*-o-mehn-nuh
I'd like to pay the bill.	Minä* maksaisin laskun. *mi*-na *muhk*-sai-sin *luhs*-kun

Camping

Am I allowed to camp here?	Saako täällä leiriytyä? *sah*-ko *taal*-la *lay*-rri-ü-tü-a?
Is there a camp-site nearby?	Onko täällä jossain lähellä leirintäaluetta? *on*-ko *taal*-la *yos*-sain *la*-hehl-la *lay*-rrint-ta-*uh*-lu-eht-tuh?

Local Knowledge

Free Camping

The jokamiehenoikeus (literally 'everyman's right') is an ancient Finnish code that gives people the right to walk, ski or cycle anywhere they like in forests and other wilderness areas – even across private land – as long as they behave responsibly. This also means you can pitch a tent almost anywhere on public land or at designated free campsites in national parks; however, you cannot make a campfire on private land unless you have the owner's permission. In national parks look for a designated campfire area (nuotiopaikka) and watch for fire warning signs – metsäpalovaroitus means the fire risk is very high. Felling trees or cutting brush to make a campfire is forbidden; use fallen wood instead.

Useful Words - Camping

backpack	reppu	*rrehp*-pu
can opener	purkinavaaja	*purr*-kin-*uh*-vah-yuh
compass	kompassi	*kom*-puhs-si
some firewood	polttopuuta	*polt*-to-*poo*-tuh
foam mattress	makuualusta	*muh*-koo-*uh*-lou-tuh
gas cartridge	kaasusäiliö	*kah*-su-*sa*-i-li-ö
mattress	patja	*puht*-yuh
penknife	linkkuveitsi	*link*-ku-*vayt*-si
rope	köysi	*ker*-ü-si
tent	teltta	*tehlt*-tuh
torch (flashlight)	taskulamppu	*tuhs*-ku-*luhmp*-pu
sleeping bag	makuupussi	*muh*-koo-*pus*-si
stove	retkikeitin	*rreht*-ki-*kay*-tin
water bottle	vesipullo	*veh*-si-*pul*-lo

Useful Words - Accommodation

name	nimi	*ni*-mi
given names	etunimet	*eh*-tu *ni*-meht
surname	sukunimi	*su*-ku-*ni*-mi
address	osoite	*o*-soy-teh
room number	huoneen numero	*hu*-o-neen *nu*-meh-rro
air-conditioned	ilmastoitu	*il*-muhs-toy-tu
balcony	parveke	*puhrr*-veh-keh
bathroom	kylpyhuone	*kül*-pü-*hu*-o-neh
bed	sänky	*san*-kü

bill	lasku	*luhs*-ku
blanket	peitto	*payt*-to
chair	tuoli	*tu*-o-li
clean	puhdas	*puh*-duhs
cupboard	kaappi	*kahp*-pi
dirty	likainen	*li*-kai-nehn
double bed	parisänky	*puh*-rri-*san*-kü
electricity	sähkö	*sakh*-ker
excluded	ei sisälly hintaan	*ay si*-sahl-lü *hin*-tahn
included	sisältyy hintaan	*si*-sahl-tüü *hin*-tahn
key	avain	*uh*-vain
a lock	lukko	*luk*-ko
quiet	hiljainen	*hil*-jai-nehn
room (in hotel)	huone/hotelli-huone	*hu*-o-neh/*ho*-tehl-li-*hu*-o-neh
sauna	sauna	*sow*-nuh
sheet	lakana	*luh*-kuh-nuh
shower	suihku	*su*-ih-ku
soap	saippua	*saip*-pu-uh
swimming pool	uima-allas	*u*-i-muh-*uhl*-luhs
table	pöytä	*per*-ü-ta
toilet	WC/vessa	*veeh*-seeh/*vehs*-suh
towel	pyyhe	*püü*-heh
(some) water	vettä	*veht*-ta
cold water	kylmä vesi	*kül*-ma *veh*-si
hot water	lämmin vesi	*lähm*-min *veh*-si
window	ikkuna	*ik*-ku-nuh

Eating & Drinking

≡ Fast Phrases

Can I see the menu please?	Saisinko ruokalistan? *sai*-sin-ko-*ru*-o-kuh-*lis*-tuhn?
Do you have vegetarian food?	Onko teillä kasvisruokia? *on*-ko *teyl*-la *kuhs*-vis-*ru*-o-ki-uh?
I'd like the bill, please.	Saisinko laskun? *sai*-sin-ko *luhs*-kun?

Ordering & Paying

I'd like the set lunch, please.	Saisinko päivän lounaan? *sai*-sin-ko *pa*-i-van *loh*-nahn?
What does it include?	Mitä siihen kuuluu? *mi*-ta *see*-hehn *koo*-loo?
Service is included in the bill.	Tarjoilu kuuluu hintaan. *tu*hrr-yoy-lu *koo*-loo *hin*-tahn
What would you recommend?	Mitä suosittelisit? *mi*-ta *su*-o-sit-teh-li-sit?
I'd like a table (for four), please.	Saisinko pöydän (neljälle)? *sai*-sin-ko *per*-ü-dan (*nel*-yal-le)?
✂ **Table for ..., please.**	Saadaanko me pöytä ... lle? *sah*-dahn-ko *meh* per-ü-ta ...?

 **LISTEN FOR**

breakfast	aamiainen	*ah*-mi-ai-nehn
lunch	lounas	*loh*-nuhs
early/ late dinner	päivällinen/ illallinen	*pa-i*-val-li-nehn/ *il*-luhl-li-nehn

ashtray	tuhkakuppi	*tuh*-kuh-*kup*-pi
the bill	lasku	*luhs*-ku
a cup	kuppi	*kup*-pi
dessert	jälkiruoka	*yal*-ki-*rru*-o-kuh
a drink	juoma	*yu*-o-muh
a fork	haarukka	*hah*-rruk-kuh
fresh	tuore	*tu*-o-rreh
a glass	lasi	*luh*-si
a knife	veitsi	*vayt*-si
a plate	lautanen	*low*-tuh-nehn
spicy	tulinen	*tu*-li-nehn
spoiled	pilaantunut	*pi*-lahn-tu-nut
a spoon	lusikka	*lu*-sik-kuh
sweet	makea	*muh*-keh-uh
teaspoon	teelusikka	*teeh*-lu-sik-kuh
toothpick	hammastikku	*huhm*-muhs-*tik*-ku

Special Diets

Do you have vegetarian food?	Onko teillä kasvisruokia? *on*-ko *teyl*-la *kuhs*-vis·*ru*-o-ki-uh?

I'm a vegetarian.	Olen kasvissyöjä.
	o-lehn *kuhs*-vis-*sü*-er-ya
I don't eat meat.	En syö lihaa.
	ehn sü-er *li*-hah
I don't eat chicken, fish, or ham.	En syö kanaa, kalaa enkä kinkkua.
	ehn sü-er *kuh*-nah *kuh*-lah *ehn*-ka *kink*-ku-uh

Staple Foods

bread	leipää	*lay*-paa
macaroni	makaroni	*muh*-kuh-rro-ni
oats	kaura	*kow*-rruh
rice	riisi	*rree*-si
rye	ruis	*rru*-is

Breakfast Menu

butter	voi	voi
boiled egg	keitetty muna	*kay*-teht-tu *mu*-nuh
cereal	murot	*mu*-rrot
cheese	juusto	*yuus*-to

PHRASE BUILDER

I'd like (the) ..., please	Saisinko ...	*sai*-sin-ko ...
drink list	juomalistan	*yu*-o-muh-*lis*-tuhn
menu	ruokalistan	*ru*-o-kuh-*lis*-tuhn
that dish	tuollaisen annoksen	*tu*-*ol*-lai-sen *uhn*-nohk-sen

43

coffee	kahvi	*kuh*-vi
fresh juice	tuoremehu	*tuo*-rreh-*meh*-hu
fried egg	paistettu muna	*pais*-teht-tu *mun*-uh
marmalade	appelsiinihillo	*ap*-pehl-see-ni-*hil*-lo
milk	maito	*mai*-to
oatmeal/porridge	kaurapuuro	*kow*-ruh-*poo*-rroo
orange juice	appelsiinimehu	*ap*-pehl-see-ni-*meh*-hu
sugar	sokeri	*so*-kehrr-i
tea	tee	*teeh*
toast	paahtoleipä	*pah*-to-*lay*-pa
yoghurt	jogurtti	*yog*-urrt-ti

Meat

beef	nauta/härkä	*now*-tuh/*harr*-ka
chicken	kana/broileri	*kuh*-nuh/*brroy*-leh-rri
ham	kinkku	*kink*-ku
liver	maksa	*muhk*-suh
minced meat	jauheliha	*yow*-heh-*li*-huh

Fast Talk Practising Finnish

If you want to practise your language skills, try the waiters at a restaurant. Find your feet with straight-forward phrases such as asking for a table and ordering a drink, then initiate a conversation by asking for menu recommendations or asking how a dish is cooked. And as you'll often know food terms even before you've 'officially' learnt a word of the language, you're already halfway to understanding the response.

'Grilli' Food

The grilli can also be called katukeittiö, snägäri or nakkikioski. Enormously popular, they prepare fast food by order until the early hours when everything else is closed. You can also find local specialities, such as mikkeliläinen in Mikkeli.

pork	sika	*si*-kuh
reindeer	poro	*po*-rro
sausage	makkara	*muhk*-kuh-*rruh*
steak	pihvi	*pih*-vi

Seafood

Baltic herring	silakka	*si*-luhk-kuh
fish	kala	*kuh*-lah
herring	silli	*sil*-li
salmon	lohi	*loh*-hi
seafood (not fish)	merenelävät	*meh*-rrehn-eh-lah-vat
shrimp	katkarapu	*kuht*-kuh-*rruh*-pu

Vegetables

cabbage	kaali	*kah*-li
carrot	porkkana	*porrk*-kuh-nuh
cucumber	kurkku	*kurrk*-ku
garlic	valkosipuli	*val*-ko-*si*-pu-li
mushroom	sieni	*si*-ehn-i
onion	sipuli	*si*-pu-li
pea	herne	*hehrr*-ne

EATING & DRINKING

45

potato	peruna	*peh*-rru-nuh
swede	lanttu	*luhnt*-tu
tomato	tomaatti	*to*-maht-ti
vegetable	vihannes	*vi*-huhn-nehs

Fruit

apple	omena	o-mehn-a
banana	banaani	*buh*-nah-ni
blueberry	mustikka	*mus*-tik-kuh
grapes	viinirypäle	vee-ni-*rü*-pa-leh
lemon	sitruuna	*si*-troo-nah
lingonberry	puolukka	*puo*-luk-kuh
orange	appelsiini	*ap*-pehl-*see*-ni
pear	päärynä	*paa*-rü-na
pineapple	ananas	*uhn*-uhn-uhs
strawberry	mansikka	*muhn*-sik-kuh

Non-Alcoholic Drinks

berry drink	marjamehu	*muhrr*-yah-*meh*-hu
coffee	kahvi	*kuh*-vi
(drinking) water	(juoma)vesi	(*juo*-muh-)*veh*-si
fresh juice	tuoremehu	*tuo*-rreh-*meh*-hu
hot chocolate	kaakao	*kah*-kao
iced water	jäävesi	*yaa*-veh-si
milk	maito	*mai*-to
soft drink	limonadi/limu/ limppari/limsa	*lim*-on-uh-di/*li*-mu/ *limp*-puh-rri/*lim*-suh

soured milk	piimä	*pee*-ma
tea	tee	*teeh*

Alcoholic Drinks

beer (lit. 'malt drink')	olut/kalja	*o*-lut/*kuhl*-yuh
cocktail	drinkki	*drrink*-ki
light beer	I-olut/ ykkös olut	*ük*-kers o-lut
medium strong beer	keskikalja/ kolmonen/ III-olut	*kehs-ki-kuhl*-ya/ *kol*-mon-ehn/ *kol*-mos o-lut
red wine	punaviini	*pu*-nuh-*vee*-ni
strong alcohol, vodka	viina	*vee*-nah
strong beer	IV A-olut/ nelosolut	*neh*-los-o-lut
white wine	valkoviini	*vuhl*-ko-*vee*-ni

EATING & DRINKING

Menu Decoder

This miniguide to Finnish cuisine is designed to help you navigate menus.

Prepared Food

kiisselilaatikko *kees-seh-li-lah*-tik-ko berry or fruit soup minced vegetables and/or meat, baked in an oven
rieska *rrieh*-ska thin barley bread, like chappati
makupala *muh*-ku-cu-*puh*-luh tidbit
kastike *kuhs*-ti-keh sauce
keitto/soppa *kayt*-toh/*sop*-puh soup
munakas *mu*-nuh-kuhs omelette
paistos *pais*-tos scalloped food or pie
pannu *puhn*-nu pan-fried food
piiras *pee*-rruhs pie
salaatti *suh*-laht-ti salad
sämpylä *sam*-pü-la roll
voileipä *voy*-lay-pa open sandwich
atomi *uh*-to-mi meat pie with ham or fried egg
kebakko *keh*-buhk-ko finger-shaped meat ball
lihapiirakka *li*-huh-*pee*-rruhk-kuh pie with meat & rice filling
makkaraperunat *muhk*-kuh-rruh-*peh*-rrun-uht sausage with French fries
munakukkaro *mu*-nuh-*kuk*-kuh-rro hamburger with fried egg
nakkipiiras *nuhk*-ki-*pee*-rruhs small sausage inside a pie
porilainen *po*-rri-lai-nehn thick slice of sausage in a burger roll
reissumies *rrays*-su-miehs two slices of rye bread with filling
vety *veh*-tü meat pie with ham and eggs
camping *kuhm*-ping sausage
kalapuikot *kuh*-luh-*pu*-i-kot fish fingers
kuumakoira *koo*-muh-*koi*-rruh hot dog
nakki/nakit *nuhk*-ki/*nuh*-kit small sausage
ranskalaiset *rruhn*-skuh-lai-seht French fries

Other Meals

janssonin kiusaus *yuhns*-son-in *kiu*-sows potato and herring prepared in oven
kaalikääryleet *kah*-li-*kaa*-rrü-leeht minced meat covered with cabbage leaves

kesäkeitto *ke-sa-kayt*-to vegetable soup (lit. 'summer soup')
lihamureke *li-huh-mu*-rreh-keh seasoned minced meat prepared in the oven
metsästäjänpihvi *mehts*-ast-ay-an-*pih*-vi minced meat with mushroom
sauce (lit. 'Hunter's steak')
pyttipannu *püt*-ti-*puhn*-nu ham and potatoes fried in butter
lihapullat *li*-huh-*pul*-luht meatballs
lipeäkala *li*-peh-a-*kuh*-luh dried whitefish in lye

Local Specialities

karjalanpiirakka *kuhrr*-yuh-luhn-*pee*-rruhk-kuh rye pie with rice, barley or
potato filling (Eastern)
lanttusupikas *luhnt*-tu-*su*-pik-uhs kind of rye pita bread with swede filling
(Savo)
lörtsy *lert*-sü flat doughnut with apple or meat filling (Eastern)
kukkonen *kuk*-ko-nehn rice porridge on bread (Karelian)
leipäjuusto *lay*-puh-*joo*-sto flat dessert cheese eaten with jam in the west
and north of the country (Pohjanmaa & Kainuu)
loimulohi *loi*-mu-lo-hi salmon prepared on open fire (Eastern)
mustamakkara *mus*-tuh-*muhk*-kuh-rruh rice-filled black sausage (Tampere)
muurinpohjalettu *muu*-rrin-poh-yuh-*leht*-tu thin large fried pancake
(Eastern)
neulamuikut *neh*-ul-uh-*mu*-ik-ut small whitefish (Karelian)
poronkäristys *po*-rron-*ka*-rris-tüs reindeer casserole (Lapland)
rönttönen *rrernt*-tern-ehn round pie with rye, potato and lingon filling
(Kuhmo)
sultsina *sult*-si-na kind of chappati bread stuffed with porridge (Karelian)
vatruska *vuht*-rrus-kuh thick pancake made of mashed potato and wheat
flour
kukko *kuk*-ko large rye bread loaf with filling (Eastern)
ahvenkukko *uh*-vehn-*kuk*-ko pork and perch
kalakukko *kuh*-luh-*kuk*-ko pork and fish
lanttukukko *luhnt*-tu-*kuk*-ko pork and swede
muikkukukko *muik*-ku-*kuk*-ko pork and whitefish
perunakukko *peh*-rru-nuh-*kuk*-ko pork and potato

Alcoholic Drinks

kossu *kos*-su another name for strong Koskenkorva spirit
kotikalja *ko*-ti-*kuhl*-yuh lit. 'home-brewed malt drink'
lonkero *lon*-keh-rro another name for a long gin and lemon
pitkä *pit*-ka large glass of strong beer (lit. 'long')
huurteinen *huurr*-tay-nehn cold beer (lit. 'frosty')

Sightseeing & Entertainment

≡ Fast Phrases

When's the museum open?	Milloin museo on avoinna? *mil*-loyn *mu-se-o on* *ah*-voin-nuh?
When's the next tour?	Milloin seuraava kierros alkaa? *mil*-loyn *se-u*-rruh-vuh *ki-eh*-rros *uhl*-kuh?
Can I take photographs?	Voinko minä* ottaa valokuvia? *voyn*-ko *mi*-na *ot*-tah *vuh*-lo-*ku*-vi-uh?

Planning

Do you have a guidebook/local map?	Onko sinulla matkao pasta/karttaa? *on*-ko *si*-nul-luh *muht*-kuh-o- puhs-tuh/*kuhrrt*-tah?
What are the main attractions?	Mitkä ovat tärkeimmät nähtävyydet? *mit*-ka *o*-vuht *tarr*-kaym-mat *nakh*-ta-vüü- deht?
What street is this?	Mikä katu tämä on? *mi*-ka *kuh*-tu *ta*-ma *on*?

50

What suburb is this?	Mikä katu kaupunginosa/ esikaupunki on?
	mi-ka kuh-tu kow-pung-ngin-o-suh/ eh-si-kow-pung-ki on?

PHRASE BUILDER

Where is...?	Missä on ...?	mis-sa-on...?
the art gallery	taidegalleri- aa/ taidegal- leria	tai-deh-guhl-leh- rri-ah/ tai-deh-guhl-leh- rri-uh
a bank	pankkia/ pankki	puhnk-ki-uh/ puhnk-ki
the church	kirkkoa/ kirkko	kirrk-ko-uh/ kirrk-ko
the city centre	keskustaa/ keskusta	kehs-kus-tah/ kehs-kus-tuh
my hotel	hotellini	ho-tehl-li-ni
a mail box	postilaatikkoa/ postilaatikko	pos-ti-lah-tik-ko-uh/ pos-ti-lah-tik-ko
the market	toria/tori	to-rri-uh/to-rri
the museum	museota/ museo	mu-seh-o-tuh/ mu-seh-o
the post office	postia/posti	pos-ti-uh/pos-ti
a public toilet	yleistä vessaa/ yleinen vessa	ü-lays-ta vehs-sah/ ü-lay-nehn vehs-suh

Questions

How much does it cost to get in?	Paljonko on pääsymaksu?
	puhl-yon-ko on paa-sü muhk-su?

SIGHTSEEING & ENTERTAINMENT

Forming Sentences

You don't need to memorise complete sentences; instead, simply use key words to get your meaning across. For example, you might know that *milloin* mil-loyn means 'when' in Finnish. So if you've arranged a tour but don't know what time, just ask *milloin kierros?* mil-loyn *kiehrr*-ros?. Don't worry that you're not getting the whole sentence right – people will understand if you stick to the key words.

What is that?	Mikä tuo on? *mi-ka tu-o on?*
How old is it?	Kuinka vanha se on? *ku-in-kuh vuhn-huh seh on?*
Can I take photographs?	Voinko minä* ottaa valokuvia? *voyn-ko mi-na ot-tah vuh-lo-ku-vi-uh?*
What time does it open/close?	Milloin se aukeaa/suljetaan? *mil-loyn seh ow-keh-ah/sul-yeh-tahn?*

Sights

beach	uimaranta *u-i-muh-rruhn-tuh*
building	rakennus *rruh-kehn-nus*
castle	linna *lin-nuh*
cathedral	tuomiokirkko/katedraali *tu-o-mi-o-kirrk-ko/kuh-tehd-rrah-li*
church	kirkko *kirrk-ko*
concert hall	konserttisali *kon-sehrrt-ti-suh-li*

library	kirjasto *kirr*-juhs-to
main square	keskustori *kehs*-kus to-rri
market	tori/kauppatori/markkinat *to*-rri/*kowp*-puh-*to*-rri/*muhrrk*-ki-nuht
monastery	luostari *lu-os*-tuh-rri
monument	muistomerkki/monumentti *mu-is*-to-*mehrrk*-ki/*mo*-nu-mehnt-ti
mosque	moskeija *mos*-kay-yuh
old city	vanhakaupunki *vuhn*-huh-*kow*-pung-ki
palace	palatsi *puh*-luht-si
opera house	oopperatalo *orrp*-peh-rruh-*tuh*-lo
ruins	rauniot *rrow*-ni-ot
stadium	stadion *stuh*-di-on

🔍 LOOK FOR

AUKI/SULJETTU	**OPEN/CLOSED**
KIELLETTY	**PROHIBITED**
OPASTUS/NEUVONTA	**INFORMATION**
PÄÄSY KIELLETTY	**NO ENTRY**
SISÄÄN	**ENTRANCE**
ULOS	**EXIT**
VAPAA PÄÄSY	**FREE ADMISSION**
WC	**TOILETS**

SIGHTSEEING & ENTERTAINMENT

some statues	patsaita *puht*-sai-tuh
synagogue	synagooga *sü*-nuh-gorr-guh
temple	temppeli *tehmp*-peh-li
university	yliopisto/korkeakoulu *ü*-li-o-pis-to/*korr*-keh-uh-*koh*-lu

Going Out

What's there to do in the evening?	Mitä täällä voi tehdä iltaisin? *mi*-ta *taal*-la *voy teh*-da *il*-tai-sin?
Are there any nightclubs?	Onko täällä yhtään yökerhoa? *on*-ko *taal*-la *üch*-taan *ü-er*-kehrr-ho-a?
Are there places where you can hear local music?	Voiko täällä missään kuulla paikallista musiikkia? *voy*-ko *taal*-la *mis*-saan *kool*-luh *pai*-kal-lis-tuh *mu*-seek-ki-uh?
How much does it cost to get in?	Paljonko on pääsymaksu? *puhl*-yon-ko *on paa*-sü *muhk*-su?

Local Knowledge — Festivals

The best film festival is held in Sodankylä (above the Arctic Circle) in June. The longest-established summer events are both held in July: Pori Jazz and the huge festival of world and traditional music at Kaustinen in Ostrobothnia. The biggest rock festivals are held near Turku (Ruisrock, July) and Seinäjoki (Provinssirock, June). One of Europe's leading and most remarkable Chamber Music events is held in Kuhmo on the Eastern border (July). To hear some of the best choirs for which the Nordic countries are famous, go to the Choirs Festival in Vaasa in May.

Local Knowledge

Traditional Architecture
Once upon a time, all towns in Finland were picturesque rows of painted wooden houses. Wars and a succession of great fires started by some unwary baker or smoker put paid to most of them, but some classic examples remain, in cities and towns such as Turku, Porvoo, Rauma and Hanko.

cinema	elokuvateatteri
	eh-lo-ku-vuh-*teh-uht*-teh-rri
concert	konsertti
	kon-sehrrt-ti
nightclub	yökerho
	ü-er-kehrr-ho
theatre	teatteri
	teh-uht-teh-rri

Shopping

Fast Phrases

Can I look at it?	Voinko minä* katsoa sitä? *voyn*-ko mi-na *kuht*-so-uh *si*-ta?
How much is it?	Paljonko se maksaa? *puhl*-yon-ko *seh muhk*-sah?
That's too expensive.	Se on liian kallis. *seh* on *lee*-uhn *kuhl*-lis

Looking for...

PHRASE BUILDER

Where's a...?	Missä on...?	*mis*-sa on...?
bookshop	kirjakauppa	*kirr*-yuh-*kowp*-puh
camera shop	valokuvaus-liike	*vuh*-lo-*ku*-vows-*lee*-keh
delicatessen	herkkukauppa	*hehrrk*-ku-*kowp*-puh
general store	kauppa	*kowp*-puh
market	markkinat/ kauppatori/ basaari	*muhrrk*-ki-nuht/ *kowp*-puh-*to*-rri/ *buh*-sah-rri

🔍 LOOK FOR

stationers (bookstore)	kirjakauppa	*kirr*-yuh-*kowp*-puh
pharmacy	apteekki	*uhp*-teehk-ki
shoe shop	kenkäkauppa	*kehn*-ka-*kowp*-puh
souvenir shop	matkamuisto-myymälä	*muht*-kuh-*mu-is*-to *müü*-ma-la
supermarket	supermarketti	*su*-pehrr *muhrr*-kehtti

In the Shop

I'd like to buy ...	Haluaisin ostaa ... *huh*-lu-ai-sin *os*-tah ...
Do you have others?	Onko teillä muita? *on*-ko *tayl*-la *mu-i*-tuh?
I don't like it.	En oikein pidä siitä. *ehn* oy-kayn *pi*-da *see*-ta
Can I look at it?	Voinko minä* katsoa sitä? *voyn*-ko *mi*-na *kuht*-so-uh *si*-ta?
I'm just looking.	Minä* vain katselen. *mi*-na *vain kuht*-seh-lehn
Can I help you?	Voinko auttaa? *voyn*-ko *owt*-tah?
Will that be all?	Tuleeko muuta? *tu*-leeh-ko *moo*-tuh?
Sorry, this is the only one.	Tämä on ainut kappale. *ta*-ma on *a-i*-nut *kuhp*-puh-leh
How much/many do you want?	Paljonko sinä* haluat?/ Kuinka monta laitetaan? *puhl*-yon-ko *si*-na *huh*-lu-uht?/ *ku-in*-kuh *mon*-tuh *lai*-teh-tahn?

Sami handicrafts

Sami handicrafts, made according to Sami traditions, make great souvenirs. They're made in the traditional way, using traditional materials such as bone, wood, metals and hides. Check for a token with the word Duodji, as this indicates that the item is genuine.

Paying & Bargaining

How much is it?	Paljonko se maksaa? *puhl*-yon-ko *seh muhk*-suh?
Can you write down the price?	Voitteko kirjoittaa hinnan? *voyt*-teh-ko *kirr*-yoyt-tah *hin*-nuhn?
Do you accept credit cards?	Voiko maksaa luottokortilla? *voy*-ko *muhk*-sah *lu-ot*-to-*korrt*-til-luh?
Could you lower the price?	Voitko laskea hintaa? *voyt*-ko *luhs*-keh-uh *hin*-tuh?
I don't have much money.	Minulla ei ole paljon rahaa. *mi*-nul-luh *ay* o-leh *puhl*-yon *rruh*-huh

Souvenirs

some earrings	korvakoruja *korr*-vuh-*ko*-rru-yuh
some handicrafts	käsitöitä *ka*-si-*ter*-*i*-ta
necklace	kaulakoru *kow*-luh-*ko*-rru
pottery	keramiikka *keh*-rruh-*meek*-kuh
ring	sormus *sorr*-mus

rug	matto/raanu
	muht-to/*rrah*-nu

Clothes

clothing	vaatteet
	vaht-teeht
coat	takki
	tuhk-ki
dress	puku
	pu-ku
jacket	takki
	tuhk-ki
jumper (sweater)	pusero/villapaita
	pu-seh-rro/*vil*-luh-*pai*-tuh
shirt	paita
	pai-tuh
shoes	kengät
	kehng-ngat
skirt	hame
	huh-meh
trousers	housut
	hoh-sut
cotton	puuvillaa
	poo-vil-lah
handmade	käsintehty/käsityötä
	ka-sin-*teh*-tüh/*ka*-si-*tü*-er-ta
leather	nahkaa
	nuhkh-kah
silk	silkkiä
	silk-ki-a
wool	villaa
	vil-luh

Colours

black	musta	*mus*-tuh
blue	sininen	*si*-ni-nehn
brown	ruskea	*rrus*-keuh
green	vihreä	*vih*-rreh-a
orange	oranssi	*o*-rruhns-si
pink	vaaleanpunainen/pinkki **inf**	*vah*-leh-uhn-*pu*-nai-nehn/*pink*-ki
purple	violetti	*vi*-o-leht-ti
red	punainen	*pu*-nai-nehn
white	valkoinen	*vuhl*-koy-nehn
yellow	keltainen	*kel*-tai-nehn

Toiletries

comb	kampa	*kuhm*-pa
some condoms	kondomeja	*kon*-do-meh-yuh
deodorant	deodorantti	*deh*-o-do-rruhnt-ti
hairbrush	hiusharja	*hi*-us-*huhrr*-yuh

moisturising cream	kosteusvoide
	kos-te-us-*voy*-deh
razor	partaterä
	puhrr-tuh *teh*-rra
shampoo	shampoo
	shuhmp-porr
shaving cream	partavaahto
	puhrr-tuh-*vahh*-to
some tampons	tamponeja
	tuhm-po-neh-yuh
tissues	nenäliina
	neh-na-*lee*-nuh
toilet paper	vessapaperi
	vehs-suh-*puh*-peh-rri
toothbrush	hammasharja
	huhm-muhs-*huhrr*-yuh
toothpaste	hammastahna
	huhm-muhs-*tuh*-nuh

Stationery & Publications

map	kartta
	kuhrrt-tuh
newspaper (in English)	(englanninkielinen) sanomalehti
	(*ehng*-luhn-nin-*ki-eh*-li-nehn) *suh*-no-muh-*lekh*-ti
novels in English	englanninkielinen kaunokirjallisuus
	ehng-luhn-nin-*ki-eh*-li-nehn *kow*-no-*kirr*-yuhl-li-suus
paper	paperi
	puh-peh-rri

61

Straight to the Point

When buying a pack of cigarettes or a beer, you can just state the merchandise. Pitkä! means 'Could you give me a large glass of beer, please!'

pen	kynä
	kü-na
scissors	sakse
	suhk-seht

PHRASE BUILDER

It's too...	Se on liian ...	*seh* on *lee*-uhn ...
big/small	iso/pieni	*i*-so/*pi-eh*-ni
short/long	lyhyt/pitkä	*lü*-hüt/*peet*-ka
tight/loose	kireä/löysä	*ki*-rreh-a/*ler-ü*-sa

Sizes & Comparisons

heavy	painava
	pai-nuh-vuh
light	kevyt
	keh-vüt
more	enemmän
	eh-nehm-man
less	vähemmän
	va-hehm-man
too much/many	liikaa/liian monta
	lee-kah/*lee*-uhn mon-tuh
many	monta
	mon-tuh

enough	tarpeeksi
	tuhrr-peehk-si
also	myös
	mü-ers
a little bit	vähän
	va-han

Smoking

A packet of cigarettes, please.	Saisinko yhden tupakka-askin?
	sai-sin-ko *ükh*-den *tu*-puhk-kuh-*uhs*-kin?
cigarette papers	savukepaperia/
	sätkäpaperia **inf**
	suh-vu-keh-*puh*-peh-rri-uh/
	saht-ka-*puh*-peh-rri-uh
some cigarettes	savukkeita
	suh-vuk-kay-tuh
lighter	sytytin/sytkäri **inf**
	sü-tü-tin/*süt*-kah-rri

Practicalities

Fast Phrases

Where's the nearest ATM?	Missä on lähin pankkiautomaatti? *mis*-sa on *la*-hin *puhnk*-ki-*ow*-to-muht-ti?
Is there wireless internet access here?	Onko täällä langatonta Internet-yhteyttä? *on*-ko *tahl*-la *luhng*-nguh-ton-tuh *in*-terr-net-*üh*-teh-üt-ta?
Where's the toilet?	Missä on WC/vessa? *mis*-sa on *veeh*-seeh/*vehs*-suh?

At the Post Office

I'd like some stamps.	Haluaisin postimerkkejä. *huh*-lu-ai-sin *pos*-ti-*mehrrk*-keh-ja
How much does it cost to send this to ...?	Paljonko maksaa lähettää tämä ...vowel + n? *puhl*-yon-ko *muhk*-sah *la*-heht-taa *ta*-ma ...?

an aerogram	aerogrammi *uh-eh-rro-grruhm-mi*
air mail	lentopostina *lehn-to-pos-ti-nuh*
envelope	kirje *kirr-jeh*
registered mail	kirjattu kirje *kirr-juht-tu kirr-jeh*
surface mail	maapostina *mah-pos-ti-nuh*

PHRASE BUILDER

I'd like to send ...	Haluaisin lähettää ...	*huh-lu-ai-sin* *la-heht-taa ...*
a fax	faksin	*fuhk-sin*
a letter	kirjeen	*kirr-yeehn*
a postcard	postikortin	*pos-ti-korr-tin*
a parcel	paketin	*puh-keh-tin*

Banking

I want to change some money.	Haluaisin vaihtaa rahaa. *huh-lu-ai-sin vaikh-tah rruh-hah*
What is the exchange rate?	Mikä on vaihtokurssi? *mi-ka on vaikh-to-kurrs-si?*
How many euros per dollar?	Paljonko dollarilla saa euroja? *puhl-yon-ko dol-luh-rril-luh sah eh-u-rroh-yuh?*

Can I have money transferred here from my bank?	Voinko minä* saada rahaa siirrettyä omasta pankistani?
	voyn-ko *mi*-na *sah*-duh *rruh*-hah *seö*-rreht-tü-a o-muhs-tuh *puhn*-kis-tuh-ni?
How long will it take to arrive?	Kauanko siirrossa kestää?
	kow-uhn-ko *seer*-ros-suh *kehs*-taa?
Has my money arrived yet?	Ovatko rahani saapuneet vielä?
	o-*vuht*-ko *rruh*-huh-ni *suh*-pu-neeht *vi*-eh-la?

🔍 LOOK FOR

(some) banknotes	seteleitä	*seh*-teh-leh-i-ta
cashier	kassa	*kuhs*-suh
some coins	kolikoita	ko-li-*koy*-tuh
credit card	luottokortti	lu-ot-to-*korrt*-ti
exchange	rahanvaihto	*rruh*-huhn-*vaikh*-to
loose change	pikkurahaa/ vaihtorahaa	*pik*-ku-*rruh*-hah/ *vaikh*-to-*rruh*-hah
money transfer	tilisiirto	ti-li-*seer*-to
signature	allekirjoitus	*uhl*-leh-*kirr*-yoy-tus

Phone/Mobile Phone

| I want to ring ... | Haluaisin soittaa ... |
| | *huh*-lu-ai-sin *soyt*-tah ... |

The number is ...	Puhelinnumero on ... *pu*-heh-lin-*nu*-meh-rro *on* ...
I'd like to speak to (Mr Nieminen).	Haluaisin puhua (herra Niemisen) kanssa. *huh*-lu-ai-sin *pu*-hu-uh (*hehrr*-rruh *ni-eh*-mi-sehn) *kuhns*-suh
cellular phone	kännykkä inf/matkapuhelin *kan*-nük-ka/*maht*-kuh-*pu*-heh-lin

Internet

| Where can I access the Internet? | Missä pääsen Internettiin?
mis-sa *paa*-sehn *in*-tehrr-neht-tiin? |
| I'd like to send an e-mail. | Haluaisin lähettää sähköpostia.
huh-lu-ai-sin *la*-heht-taa *sah*-ker-*pos*-ti-uh |

Emergencies

Help!	Apua! *uh*-pu-uh!
It's an emergency!	Tämä on hätätapaus! on *tuh*-puh-tu-nut *on*-neht-to-muus!
There's been an accident!	On tapahtunut onnettomuus! *nüt* on *tuh*-puh-tu-nut *on*-neht-to-moos!
Call a doctor!	Kutsukaa lääkäri! *kut*-su-kah *laa*-ka-rri!
Call an ambulance!	Soittakaa ambulanssi! *soyt*-tuh-kah *uhm*-bu-luhns-si!

| POLIISI | **POLICE** |
| POLIISIASEMA | **POLICE STATION** |

Call the police!	Soittakaa poliisi! *soyt*-tuh-kah *po*-lee-si!
Go away!	Mene pois!/Häivy! inf *meh*-neh *poys*!/*ha-i*-vü!
I'll call the police!	Minä* soitan poliisin! *mi*-na *soy*-tuhn *po*-lee-sin!
Thief!	Varas! *vuh*-rruhs!
I'm/My friend is ill.	Minä* olen/Minun* ystäväni on sairas. *mi*-na o-lehn/*mun üs*-ta-va on *sai*-rruhs
I'm lost.	Minä* olen eksynyt. *mi*-na o-lehn *ehk*-sü-nüt
Where are the toilets?	Missä on vessa? *mis*-sa on *vehs*-suh?
Could you help me please?	Voitteko/voitko inf auttaa? *voyt*-teh-ko/*voyt*-ko *owt*-tah?

Police

Where is the police station?	Missä on poliisiasema? *mis*-sa *on* po-lee-si-*uh*-seh-muh?
I've been raped.	Minut on raiskattu. *mi*-nut on *rrais*-kuht-tu
I've been robbed.	Minut on ryöstetty. *mi*-nut on *rrü-ers*-teht-tü

Could I please use the telephone?	Saanko käyttää puhelinta? *sahn*-ko *ka-üt*-taa *pu*-heh-lin-tuh?
I'm sorry. I apologise.	Olen pahoillani. Pyydän anteeksi. *oh*-lehn *puh*-hoyl-luh-ni. *püü*-dan *uhn*-teehk-si
I didn't realise I was doing anything wrong.	En tajunnut tekeväni mitään väärin. *ehn tuh*-yun-nut *teh*-keh-va-ni *mi*-taan *vaa*-rrin
I didn't do it.	En tehnyt sitä. *ehn teh*-nüt *si*-ta
I wish to contact my embassy/ consulate.	Haluan ottaa yhteyttä suurlähetystööni/konsulaattiin. *huh*-lu-uhn *ot*-tah *ükh*-teh-üt-ta *soorr-la*-heh-tüs-ter-ni/*kon*-su-laht-teen
I speak English.	Puhun englantia. *pu*-hun *ehng*-luhn-ti-uh
I have medical insurance.	Minulla on vakuutus. *mi*-nul-luh on *vuh*-koo-tus
My ... was stolen.	Minulta on varastettu ... *mi*-nul-tuh on *vuh*-rruhs-teht-tu

PRACTICALITIES

PHRASE BUILDER

I've lost my...	Minä* olen hukannut ...	*mi*-na o-lehn *hu*-kuhn-nut ..
bag	aukkuni	*lowk*-ku-ni
handbag	käsilaukkuni	*ka*-si-*lowk*-ku-ni
money	rahani	*rruh*-huh-ni
passport	passini	*puhs*-si-ni

Fast Talk

Understanding Finnish

Most sentences are composed of several words (or parts of words) serving various grammatical functions, as well as those that carry meaning (primarily nouns and verbs). If you're finding it hard to understand what someone is saying to you, listen out for the nouns and verbs to work out the context – this shouldn't be hard as they are usually more emphasised in speech. If you're still having trouble, a useful phrase to know is *Voisitko puhua hitaammin?* voy-sit-ko pu-hu-uh hi-tahm-min? (Please speak more slowly).

Health

PHRASE BUILDER

Where is the ...?	Missä on ...?	mis-sa on ...?
doctor	lääkäri	la-a-ka-rri
hospital	sairaala	sai-rrah-luh
dentist	hammas-lääkäri	huhm-muhs-laa-ka-rri

I'm/My friend is sick.	Olen/Ystäväni on sairas. o-lehn/üs-ta-va-ni on sai-rruhs
Could I see a female doctor?	Onko mahdollista saada naislääkäri? on-ko muhkh-dol-lis-tuh saa-duh nais-laa-ka-rri?
What's the matter?	Mikä on hätänä? mi-ka on ha-ta-na?
Where does it hurt?	Mihin sattuu? mi-hin suht-too?

My ... hurts.	Minun ...on kipeä.
	mi-nun ... on *ki*-peh-a
I'm pregnant.	Olen raskaana.
	o-lehn *rruhs*-kah-nuh
I'm on the pill.	Syön e-pillereitä.
	sü-ern *eh*-pil-lehrr-ayt-a
I feel better/ worse.	Vointini on parempi/ huonompi.
	voyn-ti-ni on *puh*-rrehm-pi/ *hu*-o-nom-pi

PRACTICALITIES

PHRASE BUILDER

I'm allergic to ...	Minä* olen	*mi*-na o-lehn
	allerginen ...	*uhl*-lehrr-gi-nehn ...
antibiotics	antibiooteille	*uhn*-ti-bi-orr-tayl-leh
penicillin	penisilliinille	*peh*-ni-sil-lee-nil-leh
aspirin	aspiriini	*uhs*-pi-rree-ni

Parts of the Body

ankle	nilkka
	nilk-kuh
arm	käsi
	ka-si
back	selkä
	sehl-ka
chest	rinta/rintakehä
	rrin-tuh/*rrin*-tuh-*keh*-ha
ear	korva
	korr-vuh
eye	silmä
	sil-ma

71

PHRASE BUILDER

I have (a/an)...	Minulla on ...	mi-nuhl-luh on ..
allergy	allergia	*uhl*-lehrr-gi-uh
anaemia	anemia	*uh*-neh-mi-uh
burn	palovamma	*puh*-lo-*vuhm*-muh
cold	flunssa	*fluns*-suh
constipation	ummetusta	*um*-meh-*tus*-tuh
diarrhoea	ripuli	*rri*-pu-li
fever	kuumetta	*koo*-meht-tuh
headache	päänsärky	*paan-sarr*-kü
indigestion	ruuansulatus-häiriö	*rroo*-uhn-*su*-luh-tus-*ha-i*-rri-er
influenza	influenssa	*in*-flu-ehns-suh
sore throat	kurkku kipeä	*kurrk*-ku *ki*-peh-a
stomach ache	mahakipu	*muh*-huh-*ki*-pu
sunburn	iho palanut	*i*-ho *puh*-luh-nut
cough	yskä	*üs*-ka

foot	jalkaterä *yuhl*-kuh-*tehrr*-rah
hand	käsi *ka*-si
head	pää *paa*
heart	sydän *sü*-dan
leg	jalka *yuhl*-kuh

mouth	suu
	soo
nose	nenä
	neh-na
ribs	kylkiluut
	kül-ki-loot
skin	iho
	i-ho
stomach	maha/vatsa
	muh-huh/*vuht*-suh
teeth	hampaat
	huhm-paht
throat	kurkku
	kurrk-ku

Useful Words - Health

accident	onnettomuus
	on-neht-to-moos
addiction	riippuvuus
	rreep-pu-voos
antiseptic	antiseptinen
	uhn-ti-sehp-ti-nehn
bandage	side
	si-deh

PRACTICALITIES

PHRASE BUILDER

I'm ...	Olen ...	*o*-lehn ..
asthmatic	astmaatikko	*uhst*-mah-tik-ko
diabetic	diabeetikko	*di-uh*-beeh-tik-ko
epileptic	epileptikko	*eh*-pi-lehp-tik-ko

blood test	verikoe
	veh-rri-ko-eh
contraceptive	ehkäisyväline
	ekh-ka-i-sü-*va*-li-neh
some vitamins	vitamiineja
	vi-tuh-mee-neh-yuh

At the Chemist

I need medication for ...	Tarvitsen lääkitystä ...-a/ -ä varten.
	tuhrr-vit-sen *laa*-ki-tüs-ta ...-uh/ -a *vuhrr*-tehn
I have a prescription.	Minulla on resepti.
	mi-nul-luh on *rreh*-sehp-ti

At the Dentist

I have a toothache.	Minun* hammastani särkee.
	mi-nun* *huhm*-muhs-tuh-ni *sarr*-keeh
I've lost a filling.	Minulta on irronnut paikka.
	mi-nul-tuh on *irr*-rron-nut *paik*-kuh
I've broken a tooth.	Minulta on lohjennut hammas.
	mi-nul-tuh on *loh*-yehn-nut *huhm*-muhs
I don't want it extracted.	En halua, että hammas poistetaan.
	ehn huh-lu-uh *eht*-ta *huhm*-muhs *poys*-teh-tahn
Please give me a local anaesthetic.	Voitteko puuduttaa?
	voyt-teh-ko *poo*-dut-tah?

Dictionary

ENGLISH *to* FINNISH

a

accommodation majoitus *muh-yoi-tuhs*

account tili *ti-li*

aeroplane lentokone *lehn-to-ko-neh*

afternoon iltapäivä *il-tuh-pa-i-va*

air-conditioned ilmastoitu *il-muhs-toy-tu*

airport lentokenttä *lehn-to-kehnt-ta*

airport tax lentokenttävero *lehn-to-kehnt-ta-veh-rro*

alarm clock herätyskello *heh-rra-tüs-kehl-lo*

alcohol alkoholi *uhl-ko-ho-li*

antique antiikki *uhn-tiik-ki*

appointment tapaaminen *tuh-paah-mi-nehn*

arrivals saapuvat *sah-pu-vaht*

art gallery taidegalleria *tai-de-guhl-le-rri-uh*

ashtray tuhkakuppi *tuh-kuh-kup-pi*

at -ssa, -ssä (a place) -lta, -ltä (a time) -ssuh, -ssah, -lltuh, -lltah

ATM pankkiautomaatti *puhnk-ki-ow-to-maaht-ti*

autumn syksy *sükh-sü*

b

baby vauva *vow-vuh*

back (body) selkä *sehl-ka*

backpack selkäreppu *sehl-ka-rrehp-pu*

bad huono *hu-o-no*

bag laukku *lowk-ku*

baggage matkatavara *muht-kuh-tuh-vuh-rruh*

baggage allowance sallittu matkatavaramäärä *suhl-liht-tu muht-kuh-tuh-vuh-rruh-maa-rra*

75

baggage claim matkatavaroiden luovutus *muht-kuh-tuh-vuh-rroy-dehn lu-o-vuh-tus*
bakery leipomo *lay-poh-mo*
Band-Aid laastari *luhs-tuh-rri*
bank pankki *puhnk-ki*
bank account pankkitili *puhnk-ki-ti-li*
bath kylpy *kül-pü*
bathroom kylpyhuone *kül-püh-hu-o-neh*
battery akku (rechargeable)/paristo (single-use) *uhk-ku/puhrr-is-to*
beach uimaranta *u-i-muh-ruhn-tuh*
beautiful kaunis *kow-nis*
beauty salon kauneussalonki *kow-ne-us-suh-lohn-ki*
bed sänky/vuode *san-kü/vu-o-deh*
bed linen vuodevaatteet *vu-o-deh-vaht-teeht*
bedroom makuuhuone *muh-koo-hu-o-neh*
beer olut *o-lut*
bicycle polkupyörä *pol-ku-pü-er-rra*
big suuri *soor-ri*
bill lasku *luhs-ku*
birthday syntymäpäivä *sün-tü-ma-pa-i-va*
black musta *mus-tuh*
blanket peitto *payt-to*
blood group veriryhmä *veh-rri-rüh-ma*
blue sininen *si-ni-nehn*
boarding house asuntola *uh-sun-to-luh*
boarding pass tarkastuskortti *tuhrr-kuhs-tus-korrt-ti*
boat vene *vehn-neh*
book kirja *kirr-juh*
book (make a booking) varata *vuh-rruht-tu*
booked up loppuunvarattu *lop-poohn-vuh-rruht-tu*
bookshop kirjakauppa *kirr-juh-kowp-puh*
border raja *rruh-yuh*

bottle pullo *pul-lo*
box laatikko *lah-tik-ko*
boy poika *poy-kuh*
boyfriend poikaystävä *poy-kuh-üs-ta-va*
bra rintaliivit *rrin-tuh-lee-vit*
brakes jarrut *yuhrr-rrut*
bread leipä *lay-pah*
briefcase salkku *suhlk-ku*
broken rikki *rrik-ki*
brother veli *veh-li*
brown ruskea *rrus-keuh*
building rakennus *rruh-kehn-nus*
bus (city) paikallisliikenteen bussi **inf**/linja-auto *pai-kuhl-lis-lee-ken-teehn bus-si/lin-yuh-ow-to*
bus (intercity) kaukoliikenteen bussi **inf**/linja-auto *kow-ko-lee-ken-teehn bus-si/lin-yuh-ow-to*
bus station bussiasema **inf**/linja-autoasema *bus-si-uh-seh-muh/lin-yuh-ow-to-uh-seh-muh*
bus stop bussipysäkki **inf**/linja-autopysäkki *bus-si-pü-sak-ki/lin-yuh-ow-to-pü-sak-ki*
business yritys *ü-rri-tüs*
business class business-luokka *bis-nes-lu-ok-kuh*
busy varattu *vuh-rruht-tu*
butcher's shop lihakauppa *li-huh-kowp-puh*

c

cafe kahvila *kuh-vi-luh*
call soittaa *soyt-tah*
camera kamera *kuh-meh-rruh*
can (tin) säilyketölkki *sai-lü-keh-purrk-ki*
cancel perua *peh-rru-uh*
car auto *ow-to*
car hire autonvuokraus *ow-ton-vu-ok-rrows*

car owner's title auton omistajatiedot *ow-*ton *oh-*mis-tuh-*yuh-ti-*eh-dot
car registration auton rekisteriote *ow-*ton *rreh-*kis-te-ri-o-teh
cash käteinen *kah-*tay-nehn
cashier kassa *kuhs-*suh
chairlift (skiing) tuolihissi *tu-*o-li-his-si
change muuttua *moot-*tu-uh
change (coins) kolikot *ko-*li-kot
change (money) vaihtoraha *vaikh-*to-*rruh-*hah
check tarkistaa *tuh* rr-kis-tuh
check (banking) sekki *shehk-*ki
check-in (desk) lähtöselvitys (airport)/sisäänkirjautuminen (hotel) *lah-*ter-*sehl-*vi-tüs/si-*saan-*kir-*yow-*tuh-mi-nehn
cheque sekki *shehk-*ki
child lapsi *luhp-*si
church kirkko *kirrk-*ko
cigarette lighter sytkäri inf/ tupakansytytin *süt-*ka-ri/*tu-*puh-kuhn-sü-tü-tin
city kaupunki *kow-*pung-ki
city centre keskusta *kehs-*kus-tuh
clean siivota *see-*vo-tuh
cleaning siivous *see-*vo-uhs
cloakroom vaatesäilö *vah-*the-sai-ler
closed kiinni/suljettu *keehn-*ni/*sul-*yet-tuh
clothing vaatteet *vuht-*teeht
coat takki *tuhk-*ki
coffee kahvi *kuh-*vi
coins kolikot *ko-*li-kot
cold kylmä *kül-*ma
comfortable mukava *mu-*kuh-vuh
company yritys *ü-*rri-tüs
computer tietokone *ti-*e-to-*ko-*neh
condom kondomi *kon-*do-mi
confirm (a booking) vahvistaa varaus *vuh-*vis-tuh *vuh-*rrows
connection jatkoyhteys *yut-*ko-*ükh-*teh-ühs

convenience store lähikauppa *la-*hi-*kowp-*puh
cook kokata *ko-*kuh-tuh
cool viileä *veeh-*leh-a
cough yskä *üs-*ka
countryside maaseutu *muh-*se-u-tu
cover charge sisäänpääsymaksu si-*saan-*paa-sü-*muhk-*su
crafts käsityötaide *ka-*si-tü-er-*tai-*deh
credit card luottokortti *lu-*oht-to-*kohrt-*ti
currency exchange valuutanvaihto *vuh-*loo-tuhn-*va-*ih-to
customs tulli *tul-*li

d

daily per päivä (per day)/päivittäin (every day) *pehrr* pa-i-va/*pa-i-*vit-ta-in
date päivämäärä *pa-i-*va-*maa-*rra
date of birth syntymäaika *sün-*tü-ma-*ai-*kuh
daughter tytär *tü-*tarr
day päivä *pa-i-*va
day after tomorrow (the) ylihuomenna *ü-*li-*hu-*o-mehn-nuh
day before yesterday toissapäivänä *toys-*suh-*pa-i-*va-na
delay viivytys *vee-*vü-tüs
delicatessen herkkukauppa *hehrk-*ku-*kowp-*puh
depart lähteä *lah-*teh-a
department store tavaratalo *tuh-*vuh-rruh-*tuhl-*o
departure lähtö *lah-*ter
deposit pantti *puhnt-*ti
diaper vaipat *vai-*puht
dictionary sanakirja *suh-*nuh-*kirr-*juh
dining car ravintolavaunu *rruh-*vin-to-luh-*vow-*nu
dinner päivällinen *pa-i-*val-li-nehn
direct suora *su-*or-ruh
dirty likainen *li-*kai-nehn
discount alennus *uh-*lehn-nus

dish annos *uhn*-nos
doctor lääkäri *laa*-kar-rri
dog koira *koy*-rruh
double bed parisänky *puhr*-ri-san-kü
double room kahden hengen huone *kuhkh*-dehn *hehng*-ngehn *hu*-o-neh
dress mekko *mehk*-ko
drink juoda *ju*-o-duh
drink (beverage) juoma *ju*-o-muh
drivers licence ajokortti *uh*-yo-korrt-ti
drunk humalassa *hu*-muh-luhs-suh
dry kuiva *ku*-iv-vuh

e

each jokaiselle (for)/jokaiselta (from/per) *jo*-kai-sehl-leh/*jo*-kai-sehl-tuh
early aikaisin *ai*-kai-sin
east itä *i*-ta
eat syödä *sy*-er-da
economy class economy-luokka *eh*-kho-no-mi-lu-ok-kuh
elevator hissi *his*-si
embassy suurlähetystö *soor*-la-heh-tüs-ter
English englanti/englannin kieli *enhg*-luhn-ti/*enhg*-luhn-nin ki-eh-li
enough tarpeeksi *tuhrr*-peehk-si
entry sisäänkäynti (building)/maahantulo (country) *si*-saan-ka-*ühn*-ti/*muh*-hun-tu-lo
envelope kirjekuori *kirr*-jeh-ku-o-ri
evening ilta *il*-tuh
every jokainen *jo*-kai-nehn
everything kaikki *kaik*-ki
excess (baggage) ylimääräinen matkatavara *ü*-li-*maa*-rra-i-nehn *muht*-ka-tuh-vuh-rruh
exchange valuutanvaihto *vuh*-loo-tun-*vaikh*-to
exhibition näyttely *na*-üt-te-lü
exit uloskäynti *u*-los-ka-*ün*-ti
expensive kallis *kuhl*-lis
express (mail) pika *pi*-kuh

f

fall kaatua *kuh*-tu-uh
family perhe *pehrr*-heh
fare maksu (bus)/taksa (taxi) *muhk*-su/*tuhk*-suh
fashion muoti *mu*-o-ti
fast nopea *no*-pe-uh
father isä *i*-sa
ferry lautta *lowt*-tuh
fever kuume *koohm*-meh
film (for camera) filmi *fil*-mi
fine (penalty) sakko *suhk*-ko
finger sormi *sorr*-mi
first class ensimmäinen luokka *ehn*-sin-ma-i-nehn lu-ok-kuh
fish shop kalakauppa *kuh*-luh-*kowp*-puh
fleamarket kirpputori/kirppari inf *kirrp*-pu-to-rri/*kirrp*-puh-rri
flight lento *len*-to
floor (storey) kerros *kehrr*-ros
flu flunssa *fluns*-suh
footpath polku *pol*-ku
foreign ulkomaalainen *ul*-ko-*muh*-lai-nehn
forest metsä *meht*-sah
free (at liberty) vapaa *vuh*-puh
free (gratis) ilmainen *il*-mai-nehn
fresh tuore *tu*-or-rreh
friend ystävä *üs*-ta-va

g

garden puutarha *poo*-tuhrr-huh
gas (for cooking) kaasu *kuh*-su
gas bensa *ben*-suh
gift lahja *luh*-yuh
girl tyttö *tüt*-ter
girlfriend tyttöystävä *tüt*-ter-ü s-ta-va
glasses (spectacles) silmälasit *sil*-ma-luh-sit
gloves hanskat *huns*-kuht
go mennä *men*-na

go out lähteä ulos *lah-teh-a u-los*
go shopping shoppailla *inf*/mennä ostoksille *shop-paihl-luh*/*men-na os-tok-sil-le*
gold kulta *kul-tah*
grateful kiitollinen *kee-tol-li-nehn*
gray harmaa *hurr-muh*
green vihreä *vih-rreh-a*
grocery ruokakauppa *rru-o-kuh-kowp-puh*
guesthouse vierastalo *vee-ehr-rus-tuh-lo*
guided tour opastettu kierros (walking)/kiertoajelu (bus) *o-puhs-teht-tu kiehrr-ros*/*kiehrr-to-uh-ye-lu*

h

half puolet *pu-o-leht*
handsome komea *koh-meh-uh*
heated lämmitetty *lam-mi-teht-tü*
help apua *uh-pu-uh*
here täällä *taal-la*
highway valtatie *vuhl-tuh-ti-eh*
hire vuokrata *vu-ok-rruh-tuh*
holidays lomapäivät *lo-muh-pa-i-vat*
honeymoon häämatka *haa-muht-kuh*
hospital sairaala *sa i-rrah-luh*
hot kuuma *koo-muh*
hotel hotelli *ho-tel-li*
hour tunti *tun-ti*
husband aviomies *uh-vi-o-mi-ehs*

i

identification henkilöpaperit *hen-ki-ler-puh-pehr-rit*
identification card (ID) henkilöllisyystodistus *hen-ki-ler-lli-süüs-to-dis-tus*
ill sairas *sai-rruhs*
included sisältyy/sisältää *si-sal-tüü*/*si-sal-taa*

information informaatio *in-for-muh-ti-oh*
insurance vakuutus *vuh-koo-tus*
intermission väliaika *va-li-ai-kuh*
Internet cafe Internet-kahvila *in-tehrr-net-kuh-vi-luh*
interpreter tulkki *tulk-ki*
itinerary matkasuunnitelma *muht-kuh-soon-ni-tel-muh*

j

jacket takki *tuhk-ki*
jeans farkut *farr-kuht*
jewellery korut *ko-rrut*
journey matka *muht-kuh*
jumper villapaita *vil-luh-pai-tuh*

k

key avain *uh-vain*
kind ystävällinen *üs-ta-val-li-nehn*
kitchen keittiö *kayt-ti-er*

l

lane kaista *kais-tuh*
large suuri *soo-ri*
last (previous) edellinen *eh-del-li-nehn*
late myöhässä *mü-er-has-sa*
later myöhemmin *mü-er-hem-min*
launderette itsepalvelupesula *it-seh-puhl-ve-lu-peh-su-luh*
laundry (clothes) pyykki *püük-ki*
leather nahka *nuhkh-kuh*
leave poistua *poys-tu-uh*
left luggage (office) tavaransäilytys *tuh-vuh-run-sa-ilü-tüs*
letter kirje *kirr-yeh*
lift hissi *his-si*
linen (material) pellava *pehl-luh-vah*
locked lukittu *lu-kit-tu*

look for etsiä *eh*t-si-ah
lost kadonnut *kuh*-don-nut
lost property office löytötavara-
toimisto *ler-ü-ter-tuh-vuh-ruh-toy-*
mis-to
luggage matkatavara *muht-kuh-tuh-*
vuh-ruh
luggage lockers säilytyslokerot *sa-i-*
lü-tüs-lo-kehrr-rot
lunch lounas *loh*-nuhs

m

mail (postal system) posti *pos*-ti
make-up meikki *mayk*-ki
man mies *mi*-ehs
manager (restaurant, hotel) esimies
eh-si-mi-ehs
map (of country) kartta *kuhrrt*-tuh
map (of town) kaupungin kartta *kow-*
pung-ngin kuhrrt-tuh
market kauppahalli (market hall)/
kauppatori (market square) *kowp-*
puh-huhl-li/*kowp-puh-torr*-ri
meal ateria *uh*-teh-rri-uh
meat liha *li*-huh
medicine (medication) lääke *laa*-keh
metro station metroasema *met-roh-*
uh-seh-muh
midday keskipäivän aikaan *kehs-ki-*
*pai-i-van a-i-*kahn
midnight keskiyö *kehs-ki-y-er*
milk maito *mai*-to
mineral water kivennäisvesi *ki-*vehn-
na-is-*veh*-si
mobile phone matkapuhelin *muht-*
kuh-pu-heh-lin
money raha *ruh*-huh
month kuukausi *koo-kow*-si
morning aamu *ah*-mu
mother äiti *a-i*-ti
motorcycle moottoripyörä *morrt-to-*
rri-*pü-er-rrah*

motorway moottoritie *morrt-to-rri-*
ti-eh
mountain vuori *vu-o-rri*
museum museo *mu-seh*-o
music shop musiikkiliike *mu-seek-*
ki-*lee*-keh

n

name nimi *ni*-mi
napkin servetti *sehr*-vet-ti
nappy vaippa *vuh-i*-ppuh
newsagent lehtikioski *lekh*-ti-*ki-os*-ki
newspaper sanomalehti *suh*-no-
muh-*lekh*-ti
next (month) seuraava *seh-u-*rrah-
vuh
nice kiva *ki*-vuh
night yö *ü*-er
night out bilettää inf/viettää ilta
ulkona *bi-*leht-taa/*vi-eht*-taa *il*-tuh
uhl-ko-nuh
nightclub yökerho *ü-er-kehrr*-ho
no vacancy ei tilaa/täynnä *ay ti*-luh/
ta-ün-na
non-smoking savuton *suh*-vu-tohn
noon puoliltapäivin *pu-o-lil-tuh-pa-*
*i-*vin
north pohjoinen *poh*-yoi-nehn
now nyt *nüt*
number numero *nuh*-meh-ro

o

office toimisto *toy*-mis-to
oil öljy *erl*-yü
one-way ticket menolippu *meh-no-*
lip-pu
open auki/avoinna *ow*-ki/*uh*-voighn-
nuh
opening hours aukioloajat *ow-ki-o-*
lo-*uh*-yuht
orange (colour) oranssi *o-rruhns*-si

out of order ei käytössä/epäkunnossa *ay ka-ū-ters-sa/eh-pa-kuhn-nos-suh*

p

painter maalari *muh-luh-ri*
painting (n) maalaus *muh-lows*
painting (v) taidemaalaus *tai-deh-muh-lows*
pants housut *hoh-sut*
pantyhose sukkahousut *suk-kuh-hoh-sut*
paper paperi *puh-per-rri*
party juhlat *yuh-luht*
passenger matkustaja *muht-kus-tuh-juh*
passport passi *puhs-si*
passport number passin numero *puhs-sin nu-mehr-rro*
path polku *pol-ku*
penknife linkkuveitsi *link-ku-vayt-si*
pensioner eläkeläinen *eh-la-keh-lai-nehn*
performance esitys *eh-si-tūs*
petrol bensiini *ben-see-ni*
petrol station huoltoasema *hu-ol-to-uh-seh-muh*
phone book puhelinluettelo *pu-heh-lin-lu-eht-te-lo*
phone box puhelinkoppi *pu-heh-lin-kawp-pi*
phone card puhelukortti *pu-heh-lu-kawrrt-ti*
phrasebook fraasisanakirja *fruh-si-suh-nuh-kirr-juh*
picnic eväsretki *eh-vas-rreht-ki*
pillow tyyny *tūū-nū*
pillowcase tyynyliina *tūū-nū-lee-nuh*
pink pinkki inf/vaaleanpunainen *pink-ki/vah-leh-uhn-pu-nai-nehn*
platform laituri (bus)/raide (train) *lai-tuhr-ri/rrai-deh*
play (theatre) näytelmä *na-ū-tel-ma*

police officer poliisi *po-lee-si*
police station poliisiasema *po-lee-si-uh-se-muh*
post code postinumero *pos-ti-nu-meh-rro*
post office postitoimisto *pos-ti-toy-mis-toh*
postcard postikortti *pos-ti-korrt-ti*
pound (money) punta *pun-tuh*
prescription resepti *rreh-sehp-ti*
present lahja *luh-yuh*
price hinta *hin-tuh*

q

quick nopea *no-pe-uh*

r

receipt kuitti *ku-it-ti*
red punainen *pu-nai-nehn*
refund hyvitys *hū-vi-tūs*
rent vuokrata *vu-ok-rruh-tuh*
repair korjata *korr-yuh-tuh*
retired jäänyt eläkkeelle *yaah-nūt e-la-kehl-leh*
return palata *puh-luh-tuh*
return (ticket) meno-paluu *meh-no-pa-loo*
road tie *ti-eh*
robbery ryöstö *rrū-ers-ter*
room (hotel) huone *hu-o-neh*
room (space) tilaa *ti-luh*
room number huoneen numero *hu-o-nehn nu-meh-rro*
route reitti *rrayt-ti*
safe säilytyslokero *sai-lū-tūs-lo-keh-rro*
sea meri *meh-ri*
season sesonki *seh-son-ki*
seat (place) istumapaikka *is-tu-muh-paik-kuh*
seatbelt turvavyö *tuhrr-vuh-vū-er*

self service itsepalvelu *it*-seh-*puhl*-veh-lu

service palvelu *puhl*-veh-lu

service charge palvelumaksu *puhl*-veh-lu-*muhk*-su

share jakaa *yuh*-kuh

shirt paita *pai*-tuh

shoe kenkä *kehng*-kah

shop kauppa *kowp*-puh

shopping centre kauppakeskus *kowp*-puh-*kes*-kus

short (height) lyhyt *lü*-hüt

show näyttää *na-üt*-taa

shower suihku *su*-*ih*-ku

sick sairas *sai*-rruhs

silk silkki *silk*-ki

silver hopea *ho*-peh-ah

single (person) sinkku inf *sink*-ku

single room yhden hengen huone *üh*-den *hehng*-ngen *hu*-o-neh

sister sisko *sis*-ko

size (general) koko *ko*-ko

skirt hame *huh*-meh

sleeping bag makuupussi *muh*-koo-*pus*-si

sleeping car makuuvaunu *muh*-koo-*vow*-nu

slide (film) diakuva *di*-*uh*-ku-vuh

smoke savu *suh*-vu

snack välipala *va*-li-*puh*-luh

snow lumi *lu*-mi

socks sukat *su*-kuht

son poika *poy*-kuh

soon pian *pi*-uhn

south etelä *eh*-te-la

spring (season) kevät *keh*-vat

square (town) tori *to*-rri

stairway portaat *por*-tuht

stamp leima *lay*-muh

stationer's (shop) kirjakauppa (book store) *kirr*-yah-*kowp*-puh

stolen varastettu *vuh*-rruhs-*teht*-tu

stranger tuntematon *tun*-teh-*muht*-ohn

street katu *kuh*-tu

student opiskelija *o*-pis-keh-li-yuh

subtitles tekstitykset *tehk*-sti-tük-set

suitcase matkalaukku *muht*-kuh-*lowk*-ku

summer kesä *keh*-sa

supermarket supermarketti *su*-pehr-*muhrr*-ket-ti

surface mail (land) maaposti *muh*-pos-ti

surname sukunimi *su*-ku-*ni*-mi

sweater neulepaita *neh*-u-leh-*pai*-tuh

swim uida *u*-*i*-duh

swimming pool uima-allas *u*-*i*-muh-*uhl*-luhs

t

tall pitkä *piit*-ka

taxi stand taksitolppa *tuhk*-si-*tolp*-puh

teller pankkivirkailija *puhnk*-ki-*vihrr*-kai-li-yah

ticket lippu *lip*-pu

ticket machine lippuautomaatti *lip*-pu-ow-to-*muht*-ti

ticket office lipunmyyntipiste *li*-pun-*müün*-ti-*pis*-teh

time aika *ai*-kuh

timetable aikataulu *ai*-kuh-*tow*-lu

tip (gratuity) tippi inf/juomaraha *tip*-pi/*juo*-muh-*rruh*-huh

today tänään *ta*-naan

together yhdessä *üh*-des-sa

tomorrow huomenna *hu*-o-mehn-nuh

tour kiertokäynti (walking)/kiertoajelu (bus) *ki*-ehrr-to-*ka*-*ün*-ti/*ki*-ehrr-to-uh-ye-lu

tourist office matkailuneuvonta *muht*-kai-lu-*ne*-u-von-tuh

towel pyyhe *püü*-heh

town kaupunki *kow*-pung-ki

train station juna-asema **inf**/ rautatie-asema *yu-nuh-uh-se-muh/ row-tuh-ti-eh-uh-se-muh*

transit lounge transit-alue *trruhns-sit-uh-lu-eh*

travel agency matkatoimisto *muht-kuh-toy-mis-to*

travellers cheque matkasekki *muht-kuh-shehk-ki*

trip matka *muht-kuh*

trousers housut *hoh-sut*

twin beds erilliset sängyt *ehr-ril-li-set sang-ngüt*

u

underwear alusvaatteet *uh-lus-vaht-teeht*

v

vacancy tilaa *ti-luh*

vacant vapaa *vuh-puh*

vacation loma *lo-muh*

vegetable kasvis/vihannes *kuhs-vis/ vi-huhn-nehs*

view näköala *nah-ker-uh-luh*

w

waiting room odotushuone *o-do-tus-hu-o-neh*

walk kävely (n)/kävellä (v) *ka-vehl-ü/ ka-vehl-la*

warm lämmin *lam-min*

wash (something) pestä *pehs-ta*

washing machine pesukone *peh-su-ko-neh*

watch katsoa *kuht-so-uh*

water vesi *veh-si*

way tie *ti-eh*

week viikko *veek-ko*

west länsi *lahn-si*

what mitä *mi-ta*

when milloin *mil-loyn*

where missä *mis-sa*

which mikä *mi-ka*

white valkoinen *vuhl-koy-nehn*

who kuka *ku-kuh*

why miksi *mihk-si*

wife vaimo *vai-mo*

wifi langaton Internet *luhng-nguh-ton in-tehrr-net*

window ikkuna *ik-ku-nah*

wine viini *vee-ni*

winter talvi *tuhl-vi*

without ilman *il-muhn*

woman nainen *nai-nehn*

wool villa *vil-luh*

wrong (direction) väärä *vaa-rra*

year vuosi *vu-o-si*

yesterday eilen *ay-lehn*

youth hostel nuorisohostelli *nu-o-ri-so-hos-tel-li*

ENGLISH *to* FINNISH

Dictionary

FINNISH *to* ENGLISH

FINNISH TO ENGLISH

a

aamu ah-mu morning
aika ai-kuh time
aikaisin ai-kai-sin early
aikataulu ai-kuh-tow-lu timetable
äiti a-i-ti mother
ajokortti uh-yo-korrt-ti drivers licence
akku (rechargeable)/paristo (single-use) uhk-ku/puhrr-is-to battery
alennus uh-lehn-nus discount
alkoholi uhl-ko-ho-li alcohol
alusvaatteet uh-lus-vaht-teeht underwear
annos uhn-nos dish
antiikki uhn-tiik-ki antique
apua uh-pu-uh help
asuntola uh-sun-to-luh boarding house
ateria uh-teh-rri-uh meal
auki/avoinna ow-ki/uh-voighn-nuh open
aukioloajat ow-ki-o-lo-uh-yuht opening hours

auto ow-to car
auton omistajatiedot ow-ton oh-mis-tuh-yuh-ti-eh-dot car owner's title
auton rekisteriote ow-ton rreh-kis-te-ri-o-teh car registration
autonvuokraus ow-ton-vu-ok-rrows car hire
avain uh-vain key
aviomies uh-vi-o-mi-ehs husband

b

bensa ben-suh gas
bensiini ben-see-ni petrol
bilettää inf/viettää ilta ulkona bi-leht-taa/vi-eht-taa il-tuh uhl-ko-nuh night out
business-luokka bis-nes-lu-ok-kuh business class
bussiasema inf/linja-autoasema bus-si-uh-seh-muh/lin-juh-ow-to-uh-seh-muh bus station
bussipysäkki inf/

84

linja-autopysäkki bus-si-pü-sak-ki/
lin-yuh-ow-to-pü-sak-ki bus stop

d

diakuva di-uh-ku-vuh slide (film)

e

economy-luokka eh-kho-no-mi-lu-ok-
kuh economy class
edellinen eh-del-li-nehn
last (previous)
ei käytössä/epäkunnossa ay ka-
ü-ters-sa/eh-pa-kuhn-nos-suh out
of order
ei tilaa/täynnä ay ti-luh/ta-ün-na
no vacancy
eilen ay-lehn yesterday
eläkeläinen eh-la-keh-lai-nehn
pensioner
englanti/englannin kieli enhg-luhn-
ti/enhg-lahn-nin ki-eh-li English
ensimmäinen luokka ehn-sin-ma-i-
nehn lu-ok-kuh first class
erilliset sängyt ehr-ril-li-set sang-
ngüt twin beds
etelä eh-te-la south
etsiä eh t-si-ah look for
eväsretki eh-vas-rreht-ki picnic

f

farkut farr-kuht jeans
filmi fil-mi film (for camera)
flunssa fluns-suh flu
fraasisanakirja fruh-si-suh-nuh-kirr-
juh phrasebook

h

häämatka haa-muht-kuh honeymoon
hame huh-meh skirt
hanskat huns-kuht gloves
harmaa hurr-muh gray

henkilöllisyystodistus hen-ki-ler-lli-
süüs-to-dis-tus identification card (ID)
henkilöpaperit hen-ki-ler-puh-pehr-
rit identification
herätyskello heh-rra-tüs-kehl-lo
alarm clock
herkkukauppa hehrk-ku-kowp-puh
delicatessen
hinta hin-tuh price
hissi his-si lift
hopea ho-peh-ah silver
hotelli ho-tel-li hotel
housut hoh-sut pants
housut hoh-sut trousers
humalassa hu-muh-luhs-suh drunk
huoltoasema hu-ol-to-uh-seh-muh
petrol station
huomenna hu-o-mehn-nuh tomorrow
huone hu-o-neh room (hotel)
huoneen numero hu-o-nehn nu-
meh-rro room number
huono hu-o-no bad
hyvitys hü-vi-tüs refund

i

ikkuna ik-ku-nah window
ilmainen il-mai-nehn free (gratis)
ilman il-muhn without
ilmastoitu il-muhs-toy-tu air-conditioned
ilta il-tuh evening
iltapäivä il-tuh-pa-i-va afternoon
informaatio in-for-muh-ti-oh
information
Internet-kahvila in-tehrr-net-kuh-vi-
luh Internet cafe
isä i-sa father
istumapaikka is-tu-muh-paik-kuh
seat (place)
itä i-ta east
itsepalvelu it-seh-puhl-veh-lu self
service
itsepalvelupesula it-seh-puhl-ve-lu-
peh-su-luh launderette

J

jäänyt eläkkeelle yaah-nüt e-la-kehl-leh retired
jakaa yuh-kuh share
jarrut yuhrr-rrut brakes
jatkoyhteys yut-ko-ükh-teh-ühs connection
jokainen jo-kai-nehn every
jokaiselle (for)/jokaiselta (from/per) jo-kai-sehl-leh/jo-kai-sehl-tuh each
juhlat yuh-luht party
juna-asema inf/**rautatie-asema** yu-nuh-uh-se-muh/row-tuh-ti-eh-uh-se-muh train station
juoda ju-o-duh drink
juoma ju-o-muh drink (beverage)

k

kaasu kuh-su gas (for cooking)
kaatua kuh-tu-uh fall
kadonnut kuh-don-nut lost
kahden hengen huone kuhkh-dehn hehng-ngehn hu-o-neh double room
kahvi kuh-vi coffee
kahvila kuh-vi-luh cafe
kaikki kaik-ki everything
kaista kais-tuh lane
kalakauppa kuh-luh-kowp-puh fish shop
kallis kuhl-lis expensive
kamera kuh-meh-rruh camera
kartta kuhrrt-tuh map (of country)
käsityötaide ka-si-tü-er-tai-deh crafts
kassa kuhs-suh cashier
kasvis/vihannes kuhs-vis/vi-huhn-nehs vegetable
käteinen kah-tay-nehn cash
katsoa kuht-so-uh watch
katu kuh-tu street
kaukoliikenteen bussi inf/**linja-auto** kow-ko-lee-ken-teehn bus-si/lin-yuh-ow-to bus (intercity)
kauneussalonki kow-ne-us-suh-lohn-ki beauty salon

kaunis kow-nis beautiful
kauppa kowp-puh shop
kauppahalli (market hall)/kauppatori (market square) kowp-puh-huhl-li/kowp-puh-torr-ri market
kauppakeskus kowp-puh-kes-kus shopping centre
kaupungin kartta kow-pung-ngin kuhrrt-tuh map (of town)
kaupunki kow-pung-ki city
kaupunki kow-pung-ki town
kävely (n)/kävellä (v) ka-vehl-ü/ka-vehl-la walk
keittiö kayt-ti-er kitchen
kenkä kehng-kah shoe
kerros kehrr-ros floor (storey)
kesä keh-sa summer
keskipäivän aikaan kehs-ki-pa-i-van a-i-kahn midday
keskiyö kehs-ki-y-er midnight
keskusta kehs-kus-tuh city centre
kevät keh-vat spring (season)
kiertokäynti (walking)/kiertoajelu (bus) ki-ehrr-to-ka-ün-ti/ki-ehrr-to-uh-ye-lu tour
kiinni/suljettu keehn-ni/sul-yet-tuh closed
kiitollinen kee-tol-li-nehn grateful
kirja kirr-juh book
kirjakauppa kirr-juh-kowp-puh bookshop
kirjakauppa (book store) kirr-yah-kowp-puh stationer's (shop)
kirje kirr-yeh letter
kirjekuori kirr-jeh-ku-o-ri envelope
kirkko kirrk-ko church
kirpputori/kirppari inf kirrp-pu-to-rri/kirrp-puh-rri fleamarket
kiva ki-vuh nice
kivennäisvesi ki-vehn-na-is-veh-si mineral water
koira koy-rruh dog
kokata ko-kuh-tuh cook
koko ko-ko size (general)
kolikot ko-li-kot change (coins)
kolikot ko-li-kot coins
komea koh-meh-uh handsome

kondomi kon-do-mi condom
korjata korr-yuh-tuh repair
korut ko-rrut jewellery
kuitti ku-it-ti receipt
kuiva ku-iv-vuh dry
kuka ku-kuh who
kulta kul-tah gold
kuukausi koo-kow-si month
kuuma koo-muh hot
kuume koohm-meh fever
kylmä kül-ma cold
kylpy kül-pü bath
kylpyhuone kül-püh-hu-o-neh
bathroom

l

lääkäri laa-kar-rri doctor
lääke laa-keh medicine (medication)
laastari luhs-tuh-rri Band-Aid
laatikko lah-tik-ko box
lähikauppa la-hi-kowp-puh convenience store
lahja luh-yuh gift
lahja luh-yuh present
lähteä lah-teh-a depart
lähteä ulos lah-teh-a u-los go out
lähtö lah-ter departure
lähtöselvitys (airport)/sisäänkirjautuminen (hotel) lah-ter-sehl-vi-tüs/si-saan-kir-yow-tuh-mi-nehn
check-in (desk)
laituri (bus)/raide (train) lai-tuhr-ri/rrai-deh platform
lämmin lam-min warm
lämmitetty lam-mi-teht-tü heated
langaton Internet luhng-nguh-ton in-tehrr-net wifi
länsi lahn-si west
lapsi luhp-si child
lasku luhs-ku bill
laukku lowk-ku bag
lautta lowt-tuh ferry
lehtikioski lehk-ti-ki-os-ki newsagent
leima lay-muh stamp
leipä lay-pah bread

leipomo lay-poh-mo bakery
lento len-to flight
lentokenttä lehn-to-kehnt-ta airport
lentokenttävero lehn-to-kehnt-ta-veh-rro airport tax
lentokone lehn-to-ko-neh aeroplane
liha li-huh meat
lihakauppa li-huh-kowp-puh
butcher's shop
likainen li-kai-nehn dirty
linkkuveitsi link-ku-vayt-si penknife
lippu lip-pu ticket
lippuautomaatti lip-pu-ow-to-muht-ti
ticket machine
lipunmyyntipiste li-pun-müün-ti-pis-teh ticket office
loma lo-muh vacation
lomapäivät lo-muh-pa-i-vat holidays
loppuunvarattu lop-poohn-vuh-rruht-tu booked up
lounas loh-nuhs lunch
löytötavaratoimisto ler-ü-ter-tuh-vuh-ruh-toy-mis-to lost property office
lukittu lu-kit-tu locked
lumi lu-mi snow
luottokortti lu-oht-to-kohrt-ti credit
card
lyhyt lü-hüt short (height)

m

maalari muh-luh-ri painter
maalaus muh-lows painting (a work)
maaposti muh-pos-ti surface mail
(land)
maaseutu muh-se-u-tu countryside
maito mai-to milk
majoitus muh-yoi-tuhs
accommodation
maksu (bus)/taksa (taxi) muhk-su/tuhk-suh fare
makuuhuone muh-koo-hu-o-neh
bedroom
makuupussi muh-koo-pus-si sleeping bag

87

makuuvaunu muh-koo-vow-nu sleeping car

matka muht-kuh journey

matka muht-kuh trip

matkailuneuvonta muht-kai-lu-ne-u-von-tuh tourist office

matkalaukku muht-kuh-lowk-ku suitcase

matkapuhelin muht-kuh-pu-heh-lin mobile phone

matkasekki muht-kuh-shehk-ki travellers cheque

matkasuunnitelma muht-kuh-soon-ni-tel-muh itinerary

matkatavara muht-kuh-tuh-vuh-rruh baggage

matkatavaroiden luovutus muht-kuh-tuh-vuh-rroy-dehn lu-o-vuh-tus baggage claim

matkatoimisto muht-kuh-toy-mis-to travel agency

matkustaja muht-kus-tuh-juh passenger

meikki mayk-ki make-up

mekko mehk-ko dress

mennä men-na go

menolippu meh-no-lip-pu one-way ticket

meno-paluu meh-no-pa-loo return (ticket)

meri meh-ri sea

metroasema met-roh-uh-seh-muh metro station

metsä meht-sah forest

mies mi-ehs man

mikä mi-ka which

miksi mihk-si why

milloin mil-loyn when

missä mis-sa where

mitä mi-ta what

moottoripyörä morrt-to-rri-pü-er-rrah motorcycle

moottoritie morrt-to-rri-ti-eh motorway

mukava mu-kuh-vuh comfortable

muoti mu-o-ti fashion

museo mu-seh-o museum

musiikkiliike mu-seek-ki-lee-keh music shop

musta mus-tuh black

muuttua moot-tu-uh change

myöhässä mü-er-has-sa late

myöhemmin mü-er-hem-min later

n

nahka nuhkh-kuh leather

nainen nai-nehn woman

näköala nah-ker-uh-luh view

näytelmä na-ü-tel-ma play (theatre)

näyttää na-üt-taa show

näyttely na-üt-te-lü exhibition

neulepaita neh-u-leh-pai-tuh sweater

nimi ni-mi name

nopea no-pe-uh fast

nopea no-pe-uh quick

numero nuh-meh-ro number

nuorisohostelli nu-o-ri-so-hos-tel-li youth hostel

nyt nüt now

o

odotushuone o-do-tus-hu-o-neh waiting room

öljy erl-yü oil

olut o-lut beer

opastettu kierros (walking)/kiertoajelu (bus) o-puhs-teht-tu kiehrr-ros/kiehrr-to-uh-ye-lu guided tour

opiskelija o-pis-keh-li-yuh student

oranssi o-rruhns-si orange (colour)

p

paikallisliikenteen bussi inf/**linja-auto** pai-kuhl-lis-lee-ken-teehn bus-si/lin-yuh-ow-to bus (city)

paita pai-tuh shirt

päivä pa-i-va day

päivällinen pa-i-val-li-nehn dinner

päivämäärä pa-i-va-maa-rra date

palata puh-luh-tuh return

palvelu puhl-veh-lu service

palvelumaksu puhl-veh-lu-muhk-su service charge

pankki puhnk-ki bank

pankkiautomaatti puhnk-ki-ow-to-maaht-ti ATM

pankkitili puhnk-ki-ti-li bank account

pankkivirkailija puhnk-ki-vihrr-kai-li-yah teller

pantti puhnt-ti deposit

paperi puh-per-rri paper

parisänky puhr-ri-san-kü double bed

passi puhs-si passport

passin numero puhs-sin nu-mehr-rro passport number

peitto payt-to blanket

pellava pehl-luh-vah linen (material)

per päivä (per day)/päivittäin (every day) pehrr pa-i-va/pa-i-vit-ta-in daily

perhe pehrr-heh family

perua peh-rru-uh cancel

pestä pehs-ta wash (something)

pesukone peh-su-ko-neh washing machine

pian pi-uhn soon

pika pi-kuh express (mail)

pinkki inf/**vaaleanpunainen** pink-ki/vah-leh-uhn-pu-nai-nehn pink

pitkä piit-ka tall

pohjoinen poh-yoi-nehn north

poika poy-kuh boy

poika poy-kuh son

poikaystävä poy-kuh-üs-ta-va boyfriend

poistua poys-tu-uh leave

poliisi po-lee-si police officer

poliisiasema po-lee-si-uh-se-muh police station

polku pol-ku footpath

polku pol-ku path

polkupyörä pol-ku-pü-er-rra bicycle

portaat por-tuht stairway

posti pos-ti mail (postal system)

postikortti pos-ti-korrt-ti postcard

postinumero pos-ti-nu-meh-rro post code

postitoimisto pos-ti-toy-mis-toh post office

puhelinkoppi pu-heh-lin-kawp-pi phone box

puhelinluettelo pu-heh-lin-lu-eht-te-lo phone book

pullo pul-lo bottle

punainen pu-nai-nehn red

punta pun-tuh pound (money)

puolet pu-o-leht half

puoliltapäivin pu-o-lil-tuh-pa-i-vin noon

puutarha poo-tuhrr-huh garden

pyyhe püü-heh towel

pyykki püük-ki laundry (clothes)

r

raha ruh-huh money

raja rruh-yuh border

rakennus rruh-kehn-nus building

ravintolavaunu rruh-vin-to-luh-vow-nu dining car

reitti rrayt-ti route

resepti rreh-sehp-ti prescription

rikki rrik-ki broken

rintaliivit rrin-tuh-lee-vit bra

ruokakauppa rru-o-kuh-kowp-puh grocery

ruskea rrus-keuh brown

ryöstö rrü-ers-ter robbery

s

saapuvat sah-pu-vaht arrivals

säilyketölkki sai-lü-keh-purrk-ki can (tin)

säilytyslokero sai-lü-tüs-lo-keh-rro safe

säilytyslokerot sa-i-lü-tüs-lo-kehrr-rot luggage lockers

sairaala sai-rrah-luh hospital

sairas sai-rruhs ill

sairas sai-rruhs sick

sakko suhk-ko fine (penalty)

salkku suhlk-ku briefcase

sallittu matkatavaramäärä suhl-liht-tu muht-kuh-tuh-vuh-rruh-maa-rra baggage allowance

sanakirja suh-nuh-kirr-juh dictionary

sänky/vuode san-kü/vu-o-deh bed

sanomalehti suh-no-muh-lekh-ti newspaper

savu sah-vu smoke

savuton suh-vu-tohn non-smoking

sekki shehk-ki check (banking)

sekki shehk-ki cheque

selkä sehl-ka back (body)

selkäreppu sehl-ka-rrehp-pu backpack

servetti sehr-vet-ti napkin

sesonki seh-son-ki season

seuraava seh-u-rrah-vuh next (month)

shoppailla inf/**mennä ostoksille** shop-pahl-luh/men-na os-tok-sil-le go shopping

siivota see-vo-tuh clean

siivous see-vo-uhs cleaning

silkki silk-ki silk

silmälasit sil-ma-luh-sit glasses (spectacles)

sininen si-ni-nehn blue

sinkku inf sink-ku single (person)

sisäänkäynti (building)/maahan-tulo (country) si-saan-ka-ühn-ti/muh-hun-tu-lo entry

sisäänpääsymaksu si-saan-paa-sü-muhk-su cover charge

sisältyy/sisältää si-sal-tüü/si-sal-taa included

sisko sis-ko sister

soittaa soyt-tah call

sormi sorr-mi finger

-ssa, -ssä (a place) -lta, -ltä (a time) -ssuh, -ssah, -lltuh, -lltah at

suihku su-ih-ku shower

sukat su-kuht socks

sukkahousut suk-kuh-hoh-sut pantyhose

sukunimi su-ku-ni-mi surname

suora su-or-ruh direct

supermarketti su-pehr-muhrr-ket-ti supermarket

suuri soo-ri large

suurlähetystö soor-la-heh-tüs-ter embassy

syksy sükh-sü autumn

syntymäaika sün-tü-ma-ai-kuh date of birth

syntymäpäivä sün-tü-ma-pa-i-va birthday

syödä sy-er-da eat

sytkäri (inf)/tupakansytytin süt-ka-ri/tu-puh-kuhn-sü-tü-tin lighter

t

täällä taal-la here

taidegalleria tai-de-guhl-le-rri-uh art gallery

taidemaalaus tai-deh-muh-lows painting (the art)

takki tuhk-ki coat

takki tuhk-ki jacket

taksitolppa tuhk-si-tolp-puh taxi stand

talvi tuhl-vi winter

tänään ta-naan today

tapaaminen tuh-paah-mi-nehn appointment

tarkastuskortti tuhrr-kuhs-tus-korrt-ti boarding pass

tarkistaa tuhrr-kis-tuh check

tarpeeksi tuh rr-peehk-si enough

tavaransäilytys tuh-vuh-run-sa-ilü-tüs left luggage (office)

tavaratalo tuh-vuh-ruh-tuhl-o department store

tekstitykset tehk-sti-tük-set subtitles

tie ti-eh road

tie ti-eh way

tietokone ti-e-to-ko-neh computer

tilaa ti-luh room (space)

tilaa ti-luh vacancy

tili ti-li account

tippi inf/**juomaraha** tip-pi/juo-muh-rruh-huh tip (gratuity)

toimisto toy-mis-to office

toissapäivänä toys-suh-pa-i-va-na day before yesterday

tori to-rri square (town)

transit-alue trruhns-sit-uh-lu-eh transit lounge

tuhkakuppi tuh-kuh-kup-pi ashtray

tulkki tulk-ki interpreter

tulli tul-li customs

tuntematon tun-teh-muht-ohn stranger

tunti tun-ti hour

tuolihissi tu-o-li-his-si chairlift (skiing)

tuore tu-or-rreh fresh

turvavyö tuhrr-vuh-vü-er seatbelt

tytär tü-tarr daughter

tyttö tüt-ter girl

tyttöystävä tüt-ter-ü s-ta-va girlfriend

tyyny tüü-nü pillow

tyynyliina tüü-nü-lee-nuh pillowcase

u

uida u-i-duh swim

uima-allas u-i-muh-uhl-luhs swimming pool

uimaranta u-i-muh-ruhn-tuh beach

ulkomaalainen ul-ko-muh-lai-nehn foreign

uloskäynti u-los-ka-ün-ti exit

v

väärä vaa-rra wrong (direction)

vaatesäilö vah-the-sai-ler cloakroom

vaatteet vuht-teeht clothing

vahvistaa varaus vuh-vis-tuh vh-rrows confirm (a booking)

vaihtoraha vaikh-to-rruh-hah change (money)

vaimo vai-mo wife

vaippa vuh-i-ppuh nappy

vakuutus vuh-koo-tus insurance

väliaika va-li-ai-kuh intermission

välipala va-li-puh-luh snack

valkoinen vuhl-koy-nehn white

valtatie vuhl-tuh-ti-eh highway

valuutanvaihto vuh-loo-tuhn-va-ih-to currency exchange

valuutanvaihto vuh-loo-tun-vaikh-to exchange

vapaa vuh-puh free (at liberty)

vapaa vuh-puh vacant

varastettu vuh-rruhs-teht-tu stolen

varata vuh-rruht-tu book (make a booking)

varattu vuh-rruht-tu busy

vauva vow-vuh baby

veli veh-li brother

vene vehn-neh boat

veriryhmä veh-rri-rüh-ma blood group

vesi veh-si water

vierastalo vee-ehr-r us-tuh-lo guesthouse

vihreä vih-rreh-a green

viikko veek-ko week

viileä veeh-leh-a cool

viini vee-ni wine

viivytys vee-vü-tüs delay

villa vil-luh wool

villapaita vil-luh-pai-tuh jumper

vuodevaatteet vu-o-deh-vaht-teeht bed linen

vuokrata vu-ok-rruh-tuh hire

vuokrata vu-ok-rruh-tuh rent

vuori vu-o-rri mountain

vuosi vu-o-si year

y

yhden hengen huone üh-den hehng-ngen hu-o-neh single room

yhdessä üh-des-sa together

ylihuomenna ü-li-hu-o-mehn-nuh day after tomorrow (the)

ylimääräinen matkatavara ü-li-maa-rra-i-nehn muht-ka-tuh-vuh-rruh excess (baggage)

yö ü-er night

yökerho ü-er-kehrr-ho nightclub

yritys ü-rri-tüs business

yritys ü-rri-tüs company

yskä üs-ka cough

ystävä üs-ta-va friend

ystävällinen üs-ta-val-li-nehn kind

Acknowledgments
Production Editor Damian Kemp
Language Writers Markus Lehtipuu, Gerald Porter,
Riku Rinta-Seppälä
Cover Designer Fergal Condon
Cover Researcher Gwen Cotter
Book Designer Katherine Marsh

Thanks
Kate Chapman, James Hardy, Sandie Kestell, Indra Kilfoyle, Angela
Tinson, Juan Winata

Published by Lonely Planet Global Ltd
CRN 554153

ISBN - 9-7817-8868-1001
2nd Edition – July 2023
Text © Lonely Planet 2023
Cover Image Porvoo, Finland, Olha Volynska/Shutterstock©

Printed in China 10 9 8 7 6 5 4 3 2 1

Contact lonelyplanet.com/contact

MIX
Paper from
responsible sources
FSC™ C021741

Index

INDEX

10 Phrases to Get You Talking

Hello.	Hei/Terve.
	hay/tehrr-ve

Goodbye.	Näkemiin.
	na-keh-meen

Please.	Kiitos.
	kee-toss

Thank you.	Kiitos.
	kee-toss

Excuse me.	Anteeksi.
	uhn-teehk-si

Sorry.	Olen pahoillani.
	o-lehn *puh*-hoyl-luh-ni

Yes.	Kyllä/Joo.
	kül-lah/yoo

No.	Ei.
	ay

I don't understand.	En ymmärrä.
	ehn üm-marr-rra

You're welcome.	Ole hyvä.
	o-leh *hü*-va